Silvie Hunsinger

Zu Hause in Dir

Schenke Deinem Leben Flügel

Hinweis:
Dieses Buch dient der Information über Methoden zur Selbsthilfe. Die Anwendung der im Buch beschriebenen Methoden geschieht auf eigene Verantwortung. Autor und Verlag beabsichtigen nicht, Diagnosen oder Therapieempfehlungen zu geben. Die im Buch beschriebenen Methoden und Übungen sind nicht als Ersatz für professionelle therapeutische, psychologische und medizinische Behandlung zu verstehen. Autor und Verlag übernehmen keine Haftung.

Copyright: © 2019: Silvie Hunsinger
Titelbild: © wenani (depositphotos.com)

Verlag und Druck:
tredition GmbH
Halenreie 40-44
22359 Hamburg

978-3-7497-2708-7 (Paperback)
978-3-7497-2709-4 (Hardcover)
978-3-7497-2710-0 (e-Book)

Bibliografische Information der Deutschen Nationalbibliothek:
Die Deutsche Nationalbibliothek verzeichnet diese Publikation in der Deutschen Nationalbibliografie; detaillierte bibliografische Daten sind im Internet über http://dnb.d-nb.de abrufbar.

Wann beginnst Du Dein Leben zu leben? Du bist die wichtigste Person, also beginne jetzt!

Liebe Leserin,
Lieber Leser,

schön, dass Du hier bist. Ich möchte Dir mit meinem Buch nahe sein, eine Verbindung von meinem Herzen zu Deinem Herzen herstellen und Dir gerne Impulse schenken, damit Dein Leben Flügel erhält. Ich weiß, dass versprechen viele Bücher, doch meine Fragen und Übungen wurden schon tausendfach in meiner Praxis und bei meinen Seminaren erprobt – sie funktionieren. Tausende Menschen haben bereits von diesem Wissen profitiert und es hat ihnen geholfen, ihre Probleme zu lösen und auf einen Erfolgskurs zu gelangen.

Wenn dieses Buch Dich inspiriert, leichter durch Dein Leben zu gehen, oder Dir vielleicht sogar Flügel schenkt, dann hüpft mein Herz vor Freude.
Wenn Du magst, dann schreib mir, wenn Du fliegst.

In Liebe und tiefer Verbundenheit

Deine Silvie

Inhalt

Prolog

Wenn Du Dich wunderst, warum ich das vertrauliche *Du* verwende, so möchte ich Dir sagen, dass ich mir wünsche, dass ich Dich tief in Deinem Herzen erreiche. Die Themen, die ich hier erwähne, bewegen viele Menschen und sie kommen in unser aller Leben vor. Kein Mensch kommt ohne ein Päckchen auf dem Rücken zur Welt. Wir alle tragen karmische Lasten plus das Paket, das wir mit unserem Geistführer gemeinsam für dieses Leben geschnürt haben. Schließlich wollen wir ja in diesem Erdenleben viele Erfahrungen machen, nicht wahr?

Manchmal sieht es so aus, als gäbe es Menschen, denen einfach alles in den Schoß fällt, doch glaube mir, auch sie mussten ihren Teil dazu beitragen.

Ich möchte Dich mit meinem Buch auf eine Reise zu Dir selbst einladen. Ich möchte Dich zum Fühlen, Spüren und Forschen ermuntern. Entdecke das wunderbare Abenteuer, Du selbst sein zu dürfen.

Bevor wir anfangen, möchte ich Deinen Wohlstand einer näheren Betrachtung unterziehen. *Wohlstand* bedeutet für mich, dass alles zum Besten steht.

Meines Erachtens steht unser Leben auf vier tragenden Säulen. Die erste heißt *Gesundheit*, die zweite

Partnerschaft, die dritte *Familie und Freundschaf-ten* und die vierte Säule heißt *Zeit für mich*.
Wie sieht es bei Dir aus, hast Du vier tragende Säulen?

Wenn unser Leben stabil auf diesen vier Beinen steht, haben wir schon ein hohes Maß an Wohlstand und Fülle. Viele verbinden *Wohlstand* mit Geld, doch Geld ist nicht alles. Es gibt viele Dinge in einem wohl bestehenden Leben, die wir mit Geld nicht bezahlen können. Wir können uns Liebe, Zärtlichkeit, Freundschaft und Gesundheit nicht wirklich kaufen.

Alles, was wir wahrnehmen, besteht aus Energie. Es ist ganz egal, welche Form oder welches Material wir vor uns haben, letztendlich ist alles reine Energie. Ich könnte jetzt sogar sagen, es ist reine Schöpferenergie, doch da kräuseln sich vielleicht bei einigen die Fußnägel. Warten wir mal ab, was das Buch noch für Erkenntnisse auf Lager hat. Vielleicht rollen sich die Fußnägel wieder zurück, weil ein tiefes Verstehen, eine Bewusstseinsveränderung stattfindet.
Die Naturwissenschaft weiß schon seit vielen, vielen Jahren, dass alles aus Energie besteht. Wenn aber alles Energie ist, dann sind auch unsere Gedanken,

Gefühle, unser Körper und das liebe Geld nur Energie, richtig?

Bist Du noch bei mir?

Jetzt gibt es eine weitere Wahrheit: Energie geht nicht verloren, doch sie kann sich verändern, wir können sie beeinflussen.

Wenn wir das jetzt auf unser Leben umsetzen, so heißt das im Klartext, dass wir durch die bloße Kraft unserer Gedanken unser Leben, unsere Persönlichkeit und unsere Lebensumstände verändern können. Es geht sogar noch weiter, denn wenn Du Dich veränderst, verändert sich auch automatisch Dein Umfeld.

Denk mal an ein Mobile: Wenn Du ein Teilchen daran veränderst, dann kommt das ganze Ding ins Wanken und verändert sich.

Wenn Du also Deinen Gedanken eine bestimmte Richtung gibst und dranbleibst, dann wird unweigerlich auch das, was Du denkst, in Dein Leben kommen. Die Natur zeigt uns das ganz konkret: *Du erntest das, was Du aussäst.*

Die wunderbare Guiletta Subina hat in ihrem Buch *Life Chat* so grandios geschrieben: *Wenn Du Mangos ernten willst, darfst Du keine Disteln aussäen.*

Jeder Deiner Gedanken ist also ein Samenkorn, eine Aktion, die eine Reaktion in Deinem Umfeld auslöst und Einfluss auf Deine Lebensumstände hat. Daher ist es wichtig, dass wir Gutes von uns selbst denken, dass unsere Selbstgespräche wohlwollend sind und dass wir Gedankenhygiene betreiben, indem wir achtsamer mit uns selbst werden.

Ich möchte Dich bitten, Aussagen wie *Ich bin das schwarze Schaf der Familie* oder *Ich habe immer nur Pech* oder *Ich bin vom Unglück verfolgt* oder *Immer bekomme ich die Schicksalsschläge ab* etc. zukünftig zu lassen und anzuerkennen, dass alle Deine Probleme aus Deinem falschen Denken resultieren.

Ja, es ist wirklich so, auch wenn Du das nicht wahrhaben möchtest und vielleicht sogar denkst, jetzt kommt wieder so ein esoterischer Bullshit. Du hast es in der Hand bzw. in Deinem Kopf. Du entscheidest, welche Gedanken Du denkst, Du entscheidest, welche Filme Du Dir anschaust und Du entscheidest, welche Nachrichten Du liest oder hörst. Alles beeinflusst Dein Denken. Du selbst hast den Schlüssel für Deinen Erfolg, für Dein Glück im Leben in der Hand.

Warte bitte nicht, bis jemand kommt und Dir die Hand reicht oder Dich aus dem Trauertal herauszieht, denn Warten bedeutet nur, dass Du die Verantwortung für Dein Tun abgeben möchtest.

Nimm selbst das Zepter in die Hand und verstehe, dass Du in jeder Sekunde Deines Lebens eine Ursache setzt, die als Freude oder Leid, Gesundheit oder Krankheit, Erfolg oder Misserfolg in Erscheinung tritt. Meist tun wir das absolut unbewusst, da wir die meiste Zeit unseres Lebens auf *Autopilot* laufen. Wir handeln die meiste Zeit unbewusst nach erlernten Programmen und lassen uns von unserem limbischen System bestimmen. Dort nämlich sitzen alle unsere Muster und Prägungen, die uns zu Reaktionen veranlassen, über die wir nicht mehr nachdenken müssen – wir tun es einfach.

Viele Menschen haben sogenannte *Teufelchen* in sich, Muster oder Gefühle, die sich verselbstständigen und sie immer wieder an den Ort des Geschehens zurückbringen. Das können Dauertraurigkeit, Melancholie oder auch Depressionen sein, es kann aber auch ganz einfach sein, dass man sich nicht so recht freuen kann oder sich nicht traut, sein Herz zu öffnen. Die Menschen denken dann: *Ich bin vom Pech verfolgt.* Umgangssprachlich nennen wir das dann *Schicksal.* – Könnten wir unser Schicksal mit einem anderen Bewusstsein verändern?

Die gute Nachricht ist: Ja, das können wir.

Es ist für mich spannend zu sehen, dass alle indigenen Völker an *Dämonen* glauben, nur wir hier im Westen suchen Erklärungen, warum wir so sind, wie wir sind. Wir verbannen Ahnen, Geister, Energiefelder und Implantate in das Reich der Fantasie oder *Esoterik*. Doch warum glauben und leben andere Völker mit diesem Wissen und wir Westler weigern uns, daran zu glauben?

Wir versuchen, alles mit der Genetik und der Epigenetik zu erklären. Doch geht das? Können wir uns den Wahrheiten von Indianern, Schamanen, Kahunas und Sangomas stellen oder haben wir Angst vor all dem, was uns ein verändertes Bewusstsein offenbart? Sollen wir daran glauben, dass Dinge, die nicht erlöst wurden, zurückkommen? Oder können wir es einfach als Aberglaube abtun und so weitermachen wie bisher?

Warum ist es so wichtig das Bewusstsein, also das Denken und Handeln zu verändern?

Weil wir damit Muster, die in unserer Aura vorhanden sind, die in unsere Zellen *einprogrammiert* wurden, auflösen können und verstehen, warum Dinge geschehen. Wir beginnen Verantwortung für unser Sein zu übernehmen und verändern somit unser Leben.

Ich beschreibe Dir hier zwei Beispiele, dann wird es deutlicher (die Namen wurden natürlich geändert).

Erstes Fallbeispiel:

Petra kam zu mir in die Praxis und weinte. Ihre Tochter wollte die Ausbildung abbrechen und als Aushilfe arbeiten. Sie würde den ganzen Lernstoff nicht schaffen und habe extreme Prüfungsangst. Ihre Tochter trank immer öfter. Petra wollte, dass ich ihre Tochter behandle. Ich bot ihr jedoch an, mit ihr selbst zu arbeiten. Falls es dann noch nötig wäre, würde ich danach mit ihrer Tochter weitermachen.

Petra hatte keine Ausbildung abgeschlossen, da sie die gleichen Versagensängste in sich trug wie ihre Mutter und wie deren Mutter. Durch die Erzählungen von Petra erkannten wir, dass es ein Muster in der weiblichen Linie gab: Die Frauen hatten extreme Versagensangst, wussten es aber nicht. Unbewusst suchten sie Wege, um sich nicht der Situation stellen zu müssen. So wurde Petra schon mit 17 schwanger und musste die Schule abbrechen. Als wir ihren Stammbaum zurückverfolgten, sahen wir, dass auch die anderen Frauen die Schwangerschaft wählten, um nicht dieses alte Gefühl ertragen zu müssen.

Ich ging mit Petra auf eine innere Reise. Wir lösten in ihr das Muster des Versagens auf und zogen eine Verbindung zu ihren Ahnen. Wir lösten die alten Schmerzen, die Schuld- und Versagensgefühle und mit diesem neuen Wissen, dem veränderten bewussten Sein, ging Petra nach Hause. Sie fühlte sich leichter, lebendiger und freudiger.

Zur Sicherheit wollte sie noch einen Kontrolltermin, damit sie nicht in alte Muster zurückfiel. Als ich sie vier Wochen später wiedersah, saß eine komplett veränderte Person vor mir. Petra war selbstbewusst, offen und glücklich. Voller Freude berichtete sie mir, dass ihre Tochter nicht mehr trinken würde, Nachhilfe bekäme und die Ausbildung beenden wolle.

Durch das Auflösen des Musters bei Petra und ihren Ahnen, konnte die Tochter heilen.

Zweites Fallbeispiel:

Marie kam zu mir, weil sie ein Kind verloren hatte. Sie kam über den Verlust fast nicht hinweg und hatte das tiefe Schuldgefühl, sie hätte irgendetwas falsch gemacht, obwohl ihr Arzt, die Hebamme und alle Menschen um sie herum sagten, sie hätte alles richtig gemacht. Doch ihr Schuldgefühl saß sehr tief und sie kam aus ihrer Trauer nicht heraus.

Ich fragte sie, ob sie bereit sei, Ahnenforschung zu betreiben. Sie stimmte zu. Sie befragte ihre Mutter und ihre Oma und wir erfuhren, dass sie alle Kinder verloren hatten. So lösten wir mit und durch Marie alle Muster auf und die tiefen Schuldgefühle, die von Generation zu Generation unbewusst mitgegeben wurden, konnten endlich geheilt und erlöst werden.

Heute hat Marie einen gesunden Jungen und bald kommt ein Mädchen.

Die beiden Beispiele zeigen uns, dass wir alte Themen, die unsere Familie betreffen, oftmals im Jetzt auflösen können. Doch wir dürfen auch unsere eigenen Begrenzungen auflösen, alles was uns davon abhält, wirklich und wahrhaftig zu leben.

Ich wünsche Dir, dass Du mit diesen Anregungen Dein Leben neu gestalten wirst, Dich selbst in den Mittelpunkt des Geschehens stellen kannst und ein ganz anderes Bewusstsein darüber erlangst, wer Du bist und was und wie Du von Herzen leben möchtest. Wir alleine sind die Schöpfer unseres Seins, wir können keinen anderen Menschen dafür verantwortlich machen, so sehr wir es auch manchmal gerne täten.

Wir alleine legen uns alle Grenzen auf und wir alleine können auch alle diese Grenzen überwinden.

Es erfordert Deine Bereitschaft, Dein Ja zum Leben, dann kann die Reise beginnen.

Einleitung

Ich wurde in sehr jungen Jahren von meinem geistigen Begleiter (vor Jahren hätte ich hier vom *Schicksal* geschrieben) an die Hand genommen und auf den
Weg gelenkt, den ich heute gehe. Wie bei vielen anderen Menschen auch, war es eine lebensbedrohliche Krankheit, die ich mithilfe von irdischen und
göttlichen Wesen überstand. Ich lernte, das Leben
und die göttliche Führung zu akzeptieren und
dadurch anzuerkennen, was ist.
Mein wichtigster Schritt zur Heilung auf allen Ebenen war und ist Vertrauen. Wenn wir anfangen, uns
selbst wieder zu vertrauen und unserer inneren
Stimme zu folgen, die unser allerbester Freund ist
und uns durch Impulse lenkt, können wir ganz sanft
und sachte heilen. Durch unsere innere Heilung wird
der Blick frei und wir können die Wahrheit erkennen
und damit anerkennen, was ist. Wir kommen bei uns
selbst an und können mit einem Mal die Schönheit
und Fülle, die in uns und um uns herum ist, erfahren.

Oft werde ich nach dem *Wie* gefragt: Wie komme
ich dahin? Meines Erachtens ist das *Wie* gar nicht
die Frage, sondern es zählt Deine Bereitschaft, es zu
wollen. Und genau darum geht es in diesem Buch:
Es geht darum, Dich durch Fragen und Tipps anzu-

regen, nach innen zu gehen und bei Dir wahrzunehmen, was schon alles an Wunderbarem da ist. Dann kannst Du in dem Dir angemessenen Tempo auf der Straße der Entwicklung und Wahrheitssuche weitergehen.

Von meinem Wesen her wollte ich mich nie so wirklich festlegen, wollte nicht in eine bestimmte Form gebracht werden und auch nicht den Familienriten entsprechen, denn die Sehnsucht, fremde Kulturen kennenzulernen, war viel zu tief in mir verankert. Mein Vater war ein Philatelist und als ich klein war, erzählte er oft von Königinnen und Königen aus fernen Reichen. Ich war jedes Mal begeistert und malte mir aus, wie es wohl wäre, in all diese fremden Länder und Kontinente reisen zu können.

Mit 17 begann ich zu reisen und gab meiner Sehnsucht nach. Später erfuhr ich durch Rückführungen, dass ich sehr mit den indianischen Ritualen vertraut war, ich war im alten Ägypten, bei den Mayas und auch mit Jesus unterwegs. Ich war in diesem Leben bei vielen verschiedenen Lehrern und Meistern, doch jeder Lehrer, den ich traf, erzählte etwas anderes und ich wurde immer verwirrter und suchte weiter. Ich war noch nicht in der Lage, meine Wahrheit zu erkennen und das große Ganze zu sehen.

In Indien bei Sai Baba lernte ich, dass das Leben aus vielen Formen, Farben und Facetten besteht und alles zueinander gehört, auch wenn es uns manchmal schwerfällt, das zu verstehen. Ich entdeckte die verschiedenen Kulturen, die verschiedenen Glaubensrichtungen, ihre Einstellungen zu Armut und Reichtum und ihre alten Heilkünste.

In der Stille des Ashrams *Prashanti Nilayam* (Ort des höchsten Friedens) konnte ich die Verbindung mit allem erfahren. Ich lernte, dass die verschiedenen Traditionen und Richtungen sowie die dazugehörigen Übungen sich gegenseitig bereichern können. Ich musste mich nicht für eine Richtung entscheiden, ich konnte offen für alles Neue bleiben. Diese neuen Gedanken halfen mir sehr und brachten mir Erleichterung.

Durch verschiedene Meditationspraktiken, das Studieren der alten Religionen, insbesondere die Bücher von Sri Aurobindo und Daniel Meurois sowie die Lehren von Eckart Tolle, Neville Goddard und Dr. Joseph Murphy, viele Reisen und Begegnungen mit spirituellen Lehrern konnte ich die Lehren der Aufgestiegenen Meister sowie das Wirken und die Lehre von meinem Freund Jesus Christus erfahren. Erst durch die Würdigung und die Heiligkeit, die ich in meinem Garten und in den Wäldern, in Mutter Natur fand, konnte ich die alles umfassende Essenz des Seins in ihrer Ganzheit erkennen und damit auch einen wesentlichen Teil von mir. Als Kind wurde ich auf einem Bauernhof groß und so standen die Zyklen der Natur stets im Vordergrund meines Lebens, dies ist mir bis heute vertraut geblieben.

Im Frühjahr sprießen die neuen Ideen und somit kommt alles in Fluss, im Sommer ist die hohe Zeit des Jahres, die Ideen werden umgesetzt, im Herbst darf ich die Ernte einfahren und im Winter, im Sterben, werde ich neu geboren. In der Stille des Ashrams offenbarte sich mir das große Geheimnis. Von daher ist es sehr bereichernd, sich verschiedenen Richtungen zu öffnen, zu reisen und trotzdem dem, was uns tief im Herzen liegt, die Treue und Liebe zu halten. Ich konnte durchatmen, die Suche und das ewige Grübeln hatten ein Ende und ich konnte mich ganz einfach für das Sein entscheiden.

Das hört sich hochtrabend und schwer an, doch es war mehr als simpel. Ich entschied mich, die Dinge in meinem Leben zu beobachten und einfach alles anzunehmen, was mir begegnete.

Denk jetzt bitte nicht, dass ich in einem lila Hemdchen mit Räucherstäbchen und Om-singend durch die Gegend rannte, nein, ich war äußerlich wie immer, doch innerlich hatte ich mehr Ruhe. Ich wusste plötzlich, dass ich gut bin, so wie ich bin, da ich ein Kind Gottes bin. Gott hat mich 1965 als einen Impuls von sich, als einen Funken, der Erfahrungen sammeln soll, in die Welt hinausgesandt. Warum sollte er mit dem Werk, das er erschaffen hatte, nicht zufrieden sein? Ich wusste, dass alles, was geschieht, einen Sinn hat und ich es nur beobachten muss. Und ich verstand, dass ich, wenn ich meine Gedanken, mein bewusstes Sein ändere, damit auch meine Welt ändere. Es war kein Ausnahmezustand in mir, ich ging ganz normal meiner Arbeit in der Praxis nach, aß, wonach mir war, und verbrachte viel Zeit in der Natur und in der Meditation.

Wenn ich Meditation schreibe, meine ich damit übrigens kein stundenlanges unbequemes Sitzen, nein, ich kann auch sehr gut meditieren, indem ich durch den Wald gehe, meinen Garten von Unkraut befreie oder die Rosen schneide.

Im Ashram lernte ich, dass alle Menschen gleich sind, ja, dass wir auf einer spirituellen Ebene eins sind. Wir brauchen keine Einweihungen für teures Geld, wir brauchen auch keine Menschen, die uns dogmatisch sagen, was wir tun sollen. Wenn wir davon ausgehen, dass wir alle göttlichen Ursprungs sind, warum sollte Gott einen Menschen dann *höher* oder *besser* gestellt haben, sodass er uns *einweihen* darf?

Weißt Du, was ich meine? Wenn Dich jemand in ein Ritual oder in eine Heilweise einweiht, dann ist dies ein Vorgang größten Respekts, der mit Liebe und viel Verantwortung zu tun hat, alle anderen sogenannten *Einweihungen* sind mir persönlich sehr suspekt.

Ist es nicht so, dass wir, wenn wir Verantwortung für unser Leben und unser Sein übernehmen, geführt werden? Bestimmen wir nicht selbst, wohin die Reise geht? Oder glaubst Du, wenn Mr. Right Dich einweiht, dass Du über Nacht über besondere Kräfte verfügst? Glaubst Du Deinem Partner einfach, wenn er oder sie sagt: *Mach das so oder so*, oder hinterfragst Du das und suchst in Dir drin, ob Du vielleicht selbst eine für Dich optimale Lösung hast?

Worauf ich hinaus möchte, ist die Tatsache, dass wir gerne unsere eigene Verantwortung wie einen alten Mantel an die Garderobe der anderen hängen, die ja wissen wie es geht. Doch wissen die das tatsächlich? Und wenn die anderen alles wissen, woher haben sie denn ihr Wissen? Glaubst Du, dass Dir dieser Zugang zu diesem Wissen gewährt wird?

Ich glaube, dass es wichtig ist, sich weiterzuentwickeln, Ausbildungen zu besuchen und das Gelernte zu hinterfragen. Nicht jeder, der Menschen ausbildet, besitzt Weisheit, Güte und den Wunsch, einen voranzubringen. Daher lausche nach innen; übernimm die volle Verantwortung für Dich und Dein Leben.

Meine Impulse für das, was gerade dran ist, kommen von meiner inneren Stimme und es ist meine Aufgabe, ihnen zu folgen und dabei nicht das große Ganze, mein Ziel, meine Lebensphilosophie aus den Augen zu verlieren. Ich empfinde es als puren Luxus, die freie Wahl zu haben, sodass ich in der Fülle des Seins immer wählen kann, was sich gerade für mich richtig anfühlt, um bestimmte Dinge zu erfahren, zu lieben oder loszulassen. Das geht auch mal schief, manchmal werde ich richtig wütend, weil ich nicht verstehe, warum Dinge geschehen, wie sie geschehen. Doch dann hilft mir die Stille, um wieder bei mir anzukommen.

Daher werde ich auch nicht müde, in meinen Einzelsitzungen oder Seminaren immer wieder auf das *Fühlen* hinzuweisen. Unsere Gedanken oder unser Verstand sind ein wundervoller Diener, wenn es um die praktischen Dinge des Lebens geht. Ich verteufele daher weder das Ego noch den Verstand und möchte sie auch nicht bekämpfen. Wenn es allerdings um Dein Leben, Deine Gesundheit, Deine

Freude oder Dein ganzes Sein geht, dann vertraue Deinem Herzen. Dein Herz führt Dich wie ein Leitstern am Himmel. Wenn Du lernst, ihm zu vertrauen, dann kann Dich niemand mehr in die Irre führen. Über Dein Herz hast Du die direkte Verbindung zu Deiner Seele.

Wie in einem Kaleidoskop, in dem jeden Tag aufs Neue die Farben durcheinandergewirbelt werden können, damit ein anderes Muster entsteht, so kannst auch Du Dich jeden Tag neu entscheiden. Manchmal verzaubert uns das Leben mit den schönsten Farben, mit Sonnenuntergängen, Blumen und Schmetterlingen, an anderen Tagen hingegen passt kein Stein auf den anderen und wir nehmen unser Dasein grau und trübe wahr. Doch wenn Du an das Kaleidoskop denkst, so siehst Du, dass durch eine kleine Bewegung alle Teilchen in die Veränderung kommen und ein neues Bild entsteht. So kannst Du auch das Leben sehen: Wenn Du einen Schritt gehst, eine Entscheidung triffst, dann kommt Bewegung in das ganze System. Wenn wir unsere Komfortzone verlassen und uns nur wenige Zentimeter bewegen, indem wir zum Beispiel einen Schritt nach vorne machen, eine neue Entscheidung treffen, uns trauen, mal etwas Neues auszuprobieren, so entsteht ein neues und anderes Bild von uns.

Wir werden mutiger, selbstbewusster, klarer und unser Umfeld reagiert auf unsere Veränderungen. Manchen wird es gefallen und Du findest in ihnen Unterstützer, doch manche werden auch versuchen, Dich in Dein altes Leben zurückzudrängen, indem sie nörgeln und pampig werden: Denke immer daran: Du bist der Entscheider. Und bedenke bitte: Die anderen tun das, weil sie sonst etwas an ihrer Komfortzone verändern müssten. Deine *alte Version* von Dir ist einfach sehr praktisch für Dein Umfeld.

Es erfordert wirklich Mut, neue Schritte zu gehen und sein Leben zu verändern, doch am Ende warten die Geschenke auf Dich. Probiere es aus und feiere jeden kleinen Erfolg.

Mein Wunsch ist es, Dich mit meinen Texten dazu zu inspirieren, Deinem Herzen zu folgen, Dich Deiner inneren Weisheit zu öffnen und Dein Bewusstsein zu schärfen, sodass Du Dich in einem tiefen Vertrauen zu Dir selbst wiederfindest. Schenke Deinem Dasein Flügel und fliege in ein selbstbestimmtes und glückliches Leben.
Du bist frei – Du kannst Dich jetzt für ein neues Denken entscheiden und darauf vertrauen, dass Deine Flügel Dich überall hintragen werden. Traue Dich und fliege. Du bist wunderbar, so wie Du bist.

Vertraue Dir und Deinem Herzen und breite die Flügel aus, gehe auf die Reise in Dein wunderbares Mensch-Sein. Entdecke und entfalte Dich. Liebe Dein Leben. Liebe Dich.

WUNDER GESCHEHEN

Kennst Du das Gefühl, dass Dein Leben Achterbahn mit Dir fährt?

Mal fühlst Du die unendliche Freude über gelungene Taten, wundervolle Begegnungen, eine gelungene Genesung, die Hochzeit eines Freundes, einen neuen Job oder die Geburt eines Kindes und im nächsten Augenblick kommt die Trauer, vielleicht wegen dem Tod eines Familienmitgliedes, einer Trennung, dem Verlust eines Kindes … Wie das Leben eben spielt, es hat seine eigene Regie. Und dennoch, es geschieht nie etwas umsonst. Alles was in diesem Universum geschieht, hat seinen Sinn. Selbst wenn wir manchmal kopfschüttelnd dastehen und gar nicht wissen, was da wirklich mit uns und um uns herum geschieht. Letztendlich geht es immer wieder um Bewusstwerdung, Heilung, Liebe und Vergebung.

Sicherlich kennst du die Aussage, dass alles Leid und jeder Schmerz auf unserem eigenen Widerstand beruhen.

Als ich dies anfangs von spirituellen Lehrern oder Ausbildern hörte, wurde ich sofort wütend. Ich fühlte mich nicht verstanden. Es dauerte einige Jahre, bis ich erkannte, dass da wirklich eine alte

Weisheit dahintersteht. Viele Tränen hatte ich in der Zwischenzeit geweint, viele Wutanfälle hinter mich gebracht und so manchen Lehrer zur Verzweiflung getrieben. Meine Lehrer sagten oft, wenn sie nicht mehr weiterwussten: »Du musst eben loslassen.« Oder: »Du musst halt lernen zu vertrauen.« Doch wenn ich sie fragte, wie ich das ganz konkret machen sollte, hatten sie keine wirklich funktionierende Antwort für mich, sondern einfach nur ein paar spirituelle Phrasen.

Glücklicherweise bin ich schließlich bei dem wundervollen Lehrer Jeff Allen in Salisbury in England gelandet. Von ihm durfte ich lernen, wie es sich anfühlt, loszulassen und zu vertrauen.

Oft verleugnen wir die tiefe Wahrheit in uns selbst, belügen uns und die anderen, weil wir einfach in der Angst stecken bleiben. Die Angst wiederum benutzen wir als Ausrede, um nicht weitergehen zu müssen, und so drehen wir uns dann im Kreis, der uns nur nach unten bringt.

Innerlich spüren und wissen wir ganz genau, dass irgendetwas aus dem Ruder gelaufen ist, doch die Angst ist stärker und so negieren wir das Gefühl oder unsere innere Stimme.

Kennst Du das von Dir? Sehe ich Dich nicken?

Hilfe schenkt uns der Himmel, den wir immer wieder bitten können. Hilfe erhalten wir von den Menschen, die uns lieben. Und Hilfe erhalten wir, wenn wir uns für das Vertrauen und den nächsten Schritt entscheiden. Wir müssen den Weg nicht kennen, es reicht die Absicht, wirklich weitergehen zu wollen. Dann wird uns alle Hilfe zuteilwerden.

Ich habe noch eine gute Nachricht für Dich: Das Leben ist immer auf Deiner Seite. Es hält zu Dir. Du kannst nicht versagen, Du kannst lediglich neue Erfahrungen sammeln. Manchmal sind sie atemberaubend, manchmal nicht, manchmal schmerzhaft. Na und? Steh auf, schüttele Dich und geh einen anderen Weg. Du darfst auch Fehler machen, das gehört zum Lernen dazu. Große Erfindungen erforderten auch immer viel Herumprobieren. Hätten all die Genies immer gleich aufgegeben, hätten wir heute noch keinen Strom, vermutlich noch nicht einmal das Rad. Auch in meinem Leben gibt es immer mal wieder Situationen, in denen ich mich frage, was ich wohl gedacht haben muss, damit ich so etwas kreieren konnte. Doch egal wie es sich auch im Außen zeigt, wir haben immer einen Anteil daran, sonst würde es uns nicht widerfahren. Und dann mache ich mich an die Arbeit und suche nach meinem Anteil, anstatt andere zu verurteilen. Das ist manchmal auch nicht angenehm, doch es hilft weiter und ist eine erwachsene Herangehensweise, sie entlässt uns aus dem Schwelgen in Ängsten und Problemen.

Manchmal bin auch ich bockig und will einfach nur recht haben, doch das geht nie wirklich gut aus. Entweder reagiert mein Körper mit einem Hexenschuss oder es wird anderweitig schmerzhaft. Ich kann mich auch manchmal fast ins Koma jammern und mich immer wieder als Opfer fühlen, doch es hilft nicht weiter. Ich kenne wirklich alle Register einer guten Drama-Queen, doch dabei bleibe ich stecken, ich möchte eigentlich wieder glücklich sein.
Du siehst, dieser Weg ist nicht unbedingt der Königsweg, ich kann ihn nicht empfehlen, da gibt es bessere Möglichkeiten, die weniger schmerzvoll sind und uns erheben, sodass wir lernen.

Gottes Wunsch ist es, dass wir glücklich und zufrieden sind und dass wir lieben – uns selbst so, wie die anderen Menschen. Also entscheide Dich für die Liebe und säe sie aus, investiere nicht in das Ego und in die Angst, es lohnt sich nicht und baut nur weiteres Karma auf, das Du dann im nächsten Leben wieder abarbeiten musst. Denke bitte an die Mangos und die Disteln.

Eines Morgens, vor ungefähr vierzehn Jahren, kam mir nach der Meditation der Gedanke, wie es wohl wäre, wenn Gott eine Homepage hätte. Dieser Gedanke hat mir so gut gefallen, dass ich ihn weiterspann: Wie wäre es, wenn es eine Instanz gäbe, in uns oder auch außerhalb von uns, der wir alles sagen und der wir uns absolut anvertrauen könnten? Eine Instanz, die uns bedingungslos liebt, die uns gestattet, alle Erfahrungen zu machen, die guten und die weniger guten? Eine Instanz, der wir unsere Wut und unseren Ärger anvertrauen könnten, die aber auch Verständnis für unsere Angst hätte?

Ich war tage- und wochenlang mit dieser Idee beschäftigt und hatte den innigen Wunsch, meine *Instanz* kennenzulernen. In jedem Gebet bat ich um Führung, nach jeder Meditation spürte ich nach, ob ich vielleicht schon eine neue Bewusstseinsebene erreicht hatte. – Nichts geschah.

Als der Wunsch schon am Rande seiner Nichterfüllung, nämlich des Vergessens stand, meldete sich plötzlich in der Meditation eine leise Stimme. Zuerst kam mein Verstand: *Silvie, das denkst Du gerade selbst.* Ich bat Herrn Zweifler, ruhig zu sein. Die zarte Stimme stellte sich mir vor und wir nahmen vorsichtig und sanft Kontakt miteinander auf. Als ich meine Meditation beendete, war sofort wieder Herr Zweifler da. Ich ließ ihn reden und schenkte seinen Worten keine Aufmerksamkeit. Natürlich wünschte ich mir, dass ich am nächsten Tag wieder diese Stimme hören würde, doch leider kam sie nicht. Ich war bitter enttäuscht und dachte: *Na ja, dann war es wohl doch nur Wunschdenken.* Dann vernahm ich eine leise Stimme: *Nein, war es nicht.* Mir wurde ganz warm ums Herz.

So ging es Tage und Monate weiter. Mal hörte ich diese Stimme, mal nicht. Ich wäre natürlich nie auf den Gedanken gekommen, diese Stimme in mein Leben einzuladen, diesen Tipp gab mir dann ein lieber Freund.

Inzwischen habe ich einen guten Kontakt zu meiner inneren Instanz und im Gebet fühle ich mich sehr stark mit Jesus und Sai Baba verbunden. Wenn ich Hilfe brauche, wende ich mich an sie und entweder erscheinen sie mir in den Meditationen, in meinen Träumen oder ich erhalte über meinen geistigen Freund meine Informationen. Doch manchmal ist nur der Raum der Stille da.

Auch wenn es sehr abenteuerlich klingt, so möchte ich Dich heute gerne ermuntern, um Führung zu bitten, sodass auch Du in Kontakt mit Deinem Höheren Selbst kommst, wie C. G. Jung es nennt. Ich nenne diese Stimme meinen *inneren Freund*. Er ist mit allem verbunden, was ist. Er ist göttlichen Ursprungs und liebt mich mehr als alles andere auf der Welt. Er ist jener Teil von mir, der mich direkt mit den spirituellen Ebenen verbindet. Er ist ewig, unendlich weise und transzendiert mein Alltagsbewusstsein. Er ist in Kontakt mit dem Göttlichen, weil er Teil von ihm ist. Kontakt mit dem Höheren Selbst zu erreichen und die Tiefe seiner inneren Weisheit zu erfahren ist das Ziel der spirituellen Suche in all ihren Erscheinungsformen. – Jeder von uns ist mit dem Göttlichen verbunden und ein Teil des Göttlichen. Das Höhere Selbst in uns übersteigt das Verständnis unseres Verstandes. Er hat ein sehr großes Herz und hilft mir, mir selbst zu verzeihen, wenn ich einmal vollends danebenliege. Für ihn gibt es keine guten oder schlechten Erfahrungen, sondern einfach nur Erfahrungen. Er wertet nicht. Er sieht, was ist, und ist bereit, Verantwortung für alle Handlungen und Gedanken zu übernehmen. Er geht sogar noch einen Schritt weiter und zeigt mir, dass ich auch verantwortlich bin, ob ich die Gedanken und Verurteilungen von anderen annehme oder sie einfach stehenlasse. Er ist wirklich multidimensional, sehr intelligent und voller Liebe. Er hat die genialsten Ideen, ihm fällt alles leicht, sein Herz ist fröhlich und er ist ein wahrer Sonnenschein.

Wie schon gesagt, habe ich nicht immer Kontakt zu ihm, denn mein Ego will immer mal wieder seinen Senf dazugeben und recht haben wollen.

Um Himmels willen, das Höhere Selbst in meiner eigenen Brust? Ich soll ein Teil Gottes sein? Na das wird ja immer doller.

Sehe ich Dich gerade skeptisch die Augenbrauen hochziehen und höre ich Dich denken, dass Dein Gott ganz weit weg von Dir im Himmel wohnt oder es gar keinen Gott für Dich gibt? Jesus offenbarte uns ganz klar, als sei es das Normalste der Welt: *Das Reich Gottes ist in jedem von uns.* (Lk 17,21)

Kennst Du die Geschichte, dass Gott überlegte, wo er den Schlüssel zur Weisheit für die Menschheit hinterlegen solle? Nach der Erschaffung des Menschen überlegte er also und dachte: *Hm, ich könnte ihn auf dem höchsten Berg verstecken oder in den Tiefen des Meeres.* Doch dann entschied er sich ganz klug für das menschliche Herz. Nur so war er sicher, der Mensch würde den Schlüssel erst dann finden, wenn er reif dafür wäre. Vorher würde er alles andere absuchen oder andere fragen, erst zuallerletzt käme er auf die Idee, ihn im eigenen Herzen zu suchen.

Du darfst allerdings nicht allzu blauäugig oder vertrauensselig sein, denn ein echter Kontakt zu wirklich hohen Quellen der geistigen Welt gelingt selten. Dein eigenes Höheres Selbst hingegen bietet sich für eine vertrauensvolle und stabile Verbindung aus vielen guten Gründen an.

Klingt es für Dich neu oder seltsam, ein eigenes Höheres Selbst zu haben?

Du hast bestimmt schon mal vom *Channeln* fremder Wesen gehört. Eine medial begabte Person, die sich *Channelmedium* oder *Medium* nennt, übermittelt dabei Botschaften von Wesen aus der geistigen Welt. Diese Wesen sind z. B. Engel, hoch entwickelte Menschenseelen, die ihren Reinkarnationszyklus bereits abgeschlossen haben, Aufgestiegene Meister oder Verstorbene. Vielleicht kennst Du auch die Bücher von Neale Donald Walsh, *Gespräche mit Gott*, sie wurden ihm auch *durchgegeben*. Auch die Bücher von Daniel Meurois haben diesen besonderen Zugang.

Leider erfuhren schon viele Menschen durch das Channeln oder durch *Durchgaben* von Engeln oder Geistführern, die leider keine waren, die dunklen Seiten der Macht. Oft passiert das Menschen, die sich dann einbilden, irgendeinen Kontakt nach oben zu haben, oder es zeigten sich Wesen von der anderen Seite, die nichts Gutes im Sinne haben. Solche Menschen fühlen sich dann machtvoll und werden von der dunklen Seite unterstützt. Wir leben in der Dualität, daher gibt es immer beide Seiten.

Ebenso habe ich es schon erlebt, dass absolut ehrliche Menschen plötzlich einen Kontakt zur geistigen Welt hatten. Bei einer Dame meldeten sich von dort Wesen, die sich als Engel, Heilige oder Meister ausgaben, doch in Wahrheit waren sie von der dunklen Seite. Du spürst es direkt an der Energie und an den Botschaften. Machtbesessene gibt es nämlich nicht nur hier auf der Erde, sondern in allen Formen unseres Seins, auch drüben auf der anderen Seite. Achte einfach darauf, was das Medium Dir sagt und ob Du damit in Resonanz gehst. Und bedenke: Die geistige Welt ist Liebe, da gibt es keine Anweisungen oder Verbote. Meine Erfahrungen mit Medien haben mir gezeigt, dass sie sich nie ganz frei machen können von ihrem eigenen Denken. Die Botschaften waren oft vom Ego der Medien eingefärbt. Ich persönlich finde es sehr erstrebenswert, den Kontakt zum Höheren Selbst herzustellen, weil es einfach nur Liebe ist. Mein Höheres Selbst hilft mir, gibt mir Tipps und hält eine ehrliche und aufrichtige Verbindung mit mir. Langfristig will es mir helfen, meinen Seelenplan zu erfüllen.

Hier sind einige Tipps, die Dir helfen können, in Kontakt mit Deinem Höheren Selbst zu kommen:

- Du musst es selbst tun, das kann Dir wirklich keiner abnehmen. Und Du musst es wollen.

- Es gibt keine Kurse, Webinare oder Fünf-Schritte-Anleitungen, wie Du Kontakt zu Deinem Höheren Selbst aufbaust und wenn, dann schalte bitte Deinen gesunden Menschenverstand ein und glaube nicht, dass es ein Express-Verfahren gibt oder eine *Jetzt-sofort-in Kontakt-treten-Aktion* zum Superpreis von 99,- Euro.

- Entspanne Dich, meditiere oder stelle Deine Frage kurz vor dem Einschlafen.

- Konzentriere Dich ruhig und entspannt auf Dein Herz. Visualisiere Dein Höheres Selbst in einer für Dich möglichen und glaubwürdigen Gestalt.

- Formuliere Deine Frage in einfachen und natürlichen Worten, so wie Du normal auch redest.

- Zweifle nicht an Dir, wenn es sich nicht sofort bei Dir meldet. Übung macht den Meister. Bleib vertrauensvoll dran. Übe jeden Tag und Du wirst sehen, dass Deine Verbindung von Tag zu Tag besser wird.

- Mache Dir einen Plan, an welchen Tagen Du übst. Gönne Dir diese Zeit zum Üben. Suche Dir einen ruhigen Ort, wo Dich keiner stört. Stelle das Telefon und die Klingel aus. Löse Dich von allen Erwartungen und sei einfach nur – tue nichts. Das hört sich leicht an, doch es erfordert am Anfang ein wenig Disziplin. Vertraue Dir, dass Du das kannst. Gib deiner inneren Stimme Raum und Zeit, um sie wahrnehmen. Achte auf Synchronizitäten und auf Gedankenblitze, so genannte *Eingaben*: Plötzlich weißt Du etwas ganz genau und mit Sicherheit.

- Kauf Dir ein Tagebuch und notiere Deine Fragen und Antworten, alle Deine Erlebnisse, Gefühle und Gedanken. Manchmal vergessen wir Fragen, obwohl wir sie erst einen Abend vorher gestellt haben.

- Dein Höheres Selbst gibt Antworten und Botschaften, die Deine spirituelle Entwicklung anregen. Lerne zu unterscheiden, welche Botschaften vom göttlichen Sein kommen und welche nicht. Du spürst das sofort an der Energie der Worte. Manchmal redet Dein Höheres Selbst auch in Metaphern und es kommt Dir vor, als würde es ein Späßchen mit Dir machen, doch in Wahrheit möchte es Dich dazu anregen, Dich mit allen Aspekten Deines Seins auseinanderzusetzen.

- Dein Höheres Selbst ist Dein bester und innigster Begleiter und es gibt Dir nie ängstliche, ärgerliche oder fordernde Hinweise. Es fordert auch niemals etwas von anderen Menschen.

- Manchmal meldet sich einfach nur Deine innere Stimme, so eine Art Bauchgefühl oder eine

Stimme aus Deinem Unterbewusstsein. Das ist auch okay, sei dankbar, dass Du Hinweise erhältst. Mit der Zeit lernst Du, diese *Antworten* zu unterscheiden.

Eine weitere Möglichkeit mit Stimmen in uns in Kontakt zu treten ist der *Voice Dialogue*. Vielleicht hast Du schon mal davon gehört? Es ist eine psychologische Therapiemethode nach den amerikanischen Psychotherapeuten Sidra und Hal Stone. Der *Stimmendialog* beruht auf den Erkenntnissen von C. G. Jung zur Persönlichkeitsstruktur. Er gliederte die Psyche in verschiedene Bereiche, z. B. in den *Animus*, den männlichen, und die *Anima*, den weiblichen Teil. Teile der Persönlichkeit (auch *Sub-Persönlichkeiten* genannt) sind Aspekte des Selbst, die in einer tiefen, meist unbewussten Ebene der Psyche wirken. Gefühle, die jeder Mensch in seinem Leben erfahren hat (Schmerz, Angst, Wut, Schuld usw.), sind darin gespeichert.

Im Stimmendialog werden diese verschiedenen Teile des Unterbewussten gegeneinander abgegrenzt und es wird mit ihnen in Verbindung getreten. Das bedeutet, diese verschiedenen Stimmen reden dann miteinander. Keine Sorge, das ist keine Schizophrenie, sondern eine weitere Möglichkeit, an Deine inneren, weit nach unten verdrängten Gefühle zu kommen.

Somit redet hier ein Teil Deiner Psyche mit Dir, die als *innere Persönlichkeit* Kontakt mit Dir aufnimmt, doch es ist nicht Dein Höheres Selbst.

Zurück zu meinem Höheren Selbst, meinem inneren Freund:
Als ich bei meiner Freundin mal die Fassung verlor, sagte er liebevoll: *Silvie, schau dir das Ergebnis an. Wenn du siehst, wie Du gedacht beziehungsweise gehandelt hast, sei großzügig und empathisch mit Dir und verzeihe Dir und ihr.*
Oh, das gefiel mir gar nicht. Mir ging es nicht gut und ich hatte all meinen Frust bei meiner Freundin entladen. Ruckzuck kamen Ratschläge von ihr, die ich nicht hören wollte, mir kamen die Tränen und ich fühlte mich absolut unverstanden. Das war ein *Pseudogefühl*, das weiß ich, wenn ich bewusst bin, doch wenn ich mich elend fühle und weine, bin ich einfach nur ein trauriger Mensch. Doch atmen hilft. Also habe ich den Raum verlassen, weinte und atmete. Ich spürte, dass mein inneres Kind das Gefühl hatte, nicht gesehen, nicht gehört und nicht geliebt zu werden. Diese Situation hatte absolut nichts mit meiner Freundin zu tun, sie hatte nur ein Knöpfchen in mir gedrückt, das mich auf das alte Gefühl hinwies. So schenkte ich meinem verletzten und traurigen inneren Mädchen all meine

Liebe und Fürsorge, hörte ihr zu und nahm sie wahr.

Das traurige und verletzte Herzensgefühl verschwand und ich konnte zu meiner Freundin gehen und ruhig mit ihr reden. Ich erklärte ihr, dass ich mir ein Ohr gewünscht hätte, einfach nur einen Menschen, der mir zuhört und mich tröstet, und dass ihre Ratschläge gerade nicht ankamen. Sie verstand mich und nahm mich in den Arm.

Wir kreieren uns täglich Situationen, um zu lernen und um Bewusstsein zu entwickeln. Wir tun dies meistens noch nicht bewusst, doch wenn wir uns mal auf die Schliche kommen und zum Beobachter werden, dann können wir entdecken, dass alles, was passiert, einen Sinn hat. Alle Gefühle, die wir fühlen, haben einen Sinn. Wir Menschen haben vielerlei Bedürfnisse und unser aller Wunsch ist es, dass unsere Bedürfnisse möglichst erfüllt werden. Wenn das geschieht, werden schöne Gefühle wie Freude, Dankbarkeit oder Liebe in uns lebendig. Sind wir jedoch in negativen Gefühlen gefangen, die uns runterziehen, traurig oder sogar fassungslos machen, dann leben offensichtlich Bedürfnisse in uns, die nicht befriedigt wurden. Das Resultat ist, dass wir uns nicht gut fühlen. Die Kunst ist es, zu erkennen, welches Bedürfnis gerade nicht befriedigt wurde, aufgrund dessen diese unguten Gefühle entstehen konnten.

Um jetzt auf unsere Ausgangssituation zurückzukommen, schauen wir mal genau hin. Die Situation war folgende: Ich wollte reden und mein Herz bei meiner Freundin ausschütten. Sie konnte das nicht ertragen und meinte, mir gute Ratschläge geben zu müssen, was ich ja gar nicht wollte. Ich wollte nur ihr Ohr, einen lieben Menschen, der mir zuhörte. Ich fühlte mich absolut unverstanden von ihr und all mein Frust und meine Trauer kamen hoch.

Keiner hört mir zu ist eine alte Baustelle aus meiner Kindheit. Statt mich mit dem alten Gefühl aus meiner Kindheit auseinanderzusetzen, war ich sauer auf meine Freundin, die ja immer so gute Ratschläge (Ratschläge sind auch Schläge) hatte. Mein inneres Kind weinte, weil es sich an früher erinnerte. Obwohl ich jetzt erwachsen bin, wird dieses Muster immer noch ausgelöst, da es nicht geheilt ist. Mein Höheres Selbst gab mir daher den Rat, liebevoll und emphatisch mit mir selbst zu sein, mir selbst sowie meiner Freundin zu verzeihen und in einer stillen Stunde dieses alte Muster aufzulösen, was ich dann auch tat. Es tut so gut, solche alten Muster aufzulösen. Es ist eine so große innere Befreiung und ich freue mich jedes Mal aufs Neue, wenn ich in eine ähnliche Situation komme und der Trigger nicht mehr greift.

Was glaubst Du, wie oft das am Tag passiert? Du hörst oder siehst irgendetwas und bildest Dir dann Deine Meinung – doch ist es die Wahrheit oder eine Projektion? Kannst Du wirklich wissen, dass es die Wahrheit ist? Woran kannst Du es festmachen?

Im Laufe der vielen Jahre, in denen ich mit Menschen arbeite, wurde mir bewusst, wie oft wir anderen nachplappern, ihre Meinungen zu unseren Meinungen machen, Angst haben vor Erfahrungen, die andere erlitten haben, ohne dass wir genau wissen, warum sie ihnen widerfahren sind. Kurz gesagt, sind wir einfach nicht frei von Interpretationen und Projektionen. So handeln wir manchmal mit wirklich nur den besten Absichten und dennoch kommt bei unserem Gegenüber nicht die entsprechende Reaktion, jeder lebt in seiner eigenen Welt. Wenn Du Dein Gegenüber nicht explizit fragst, hast Du keine Ahnung, wie es in seiner Welt aussieht, Du kannst lediglich interpretieren, doch das ist nicht die Wahrheit.

Wenn Du wahrhaftig mit Deinem ganzen Sein und mit all Deiner Liebe einem Menschen helfen möchtest, so frage ihn, was er braucht. Frage ihn, wie Du ihm helfen kannst. Mach ihm verschiedene Angebote und lass ihn entscheiden. Der andere hat ja auch so eine kluge Instanz in sich und tief in sich drinnen weiß er genau, was er braucht. Wenn nicht, klingelt irgendeines Deiner Angebote bei ihm an und geht in Resonanz. Spätestens dann weiß er, was er braucht.

Mein *Freund* erklärte mir eines Tages, dass ich pure Liebe sei. Ich schaute wohl ziemlich komisch drein, denn er lachte und meinte: *Weißt Du, es ist ein ausgeklügelter Plan unseres Schöpfers. Er hat alles mit Liebe erschaffen, doch da unsere Welt der Polarität unterliegt, hat er einen Gegenpol, nämlich die Angst kreiert. Stell Dir einfach mal einen Regler vor. Auf der einen Seite hast Du die Liebe, auf der anderen Seite die Angst. Wo steht Dein Regler?*

Da saß ich nun, nagte an meiner Unterlippe und spürte in mich rein. Wie waren wohl meine Anteile? Gerne hätte ich gesagt: 90 Prozent Liebe und 10 Prozent Angst. Wenn ich nicht glauben kann, dass ich pure Liebe bin, dann doch nur, weil die Angst mir sagt, ich sei nicht liebenswert genug oder ich Schuld- und Schamgefühle habe. Ich fühle mich nicht würdig, ausnahmslos Liebe zu sein. Ich habe Angst, überzuschnappen oder zu groß zu sein. Oder ich schäme mich und denke: *Nein, hier habe ich schon versagt, dort habe ich Unrecht getan, vorgestern habe ich eine Notlüge benutzt ...*

In meiner *Huna*-Ausbildung (hawaiianischer Schamanismus) habe ich gelernt: Wenn ich mir nicht selbst verzeihen kann, dann fühle ich mich schuldig – wie soll ich dann bewusst werden? Wenn Schuldgefühle mich drücken, wie soll sich dann mein Geist öffnen?

Genauso ist es, wenn ich anderen Menschen nicht verzeihen oder vergeben mag. Ich trage ihnen diesen schweren Stein, der in meinem Herzen liegt, im wahrsten Sinne nach. Dieses Gewicht, der Vorwurf an den anderen, lastet schwer auf meinen Schultern, in meinem Herzen und er nagt an meinem Gewissen. Ich muss niemals gutheißen, was jemand getan hat, doch ich kann ihm verzeihen und vergeben und lasse somit den Stein los. Energetisch gesehen, trenne ich somit die Verbindung zu dem anderen. Durch den Stein des Nicht-verzeihen-Wollens bin ich mit dem anderen in Verbindung.

Mein Freund fragt mich mehrmals am Tage, ob ich in Verbindung bin und ob ich in der Liebe bin – der Liebe zu mir selbst und in der Liebe zu allem was ist. Wenn ich nicht verbunden bin, fragt er mich, was ich bräuchte, um wieder verbunden zu sein. Manchmal weiß ich es sofort und manchmal muss ich grübeln, doch inzwischen weiß ich, dass ich mein Herz fragen kann. Wenn ich mit meinem Herzen kommuniziere, höre ich seine leise Stimme und erhalte die richtige Antwort.

Insofern möchte ich Dir gerne nahelegen: Gehe in Verbindung mit Dir und Deiner Liebe, denn Du bist Liebe. Übe Dich immer mal wieder im Verzeihen und Vergeben und verzichte, wenn Du es kannst, auf das Rechthabenwollen.

Wie geht es Dir, wenn Du das liest?
Wo steht Dein Regler?
Bist Du schon gut in Richtung Liebe unterwegs?
Magst Du Dir Deine Gedanken dazu aufschreiben?

_____

_____

_____

_____

_____

_____

_____

NIMM ALLES GANZ PERSÖN-LICH, WENN ES DIR GUTTUT

Jenseits aller spirituellen Traditionen und Weisheiten gibt es eine einfache Philosophie, die dafür sorgt, dass Du Dich gut fühlst und die auch noch sehr nützlich ist, um Deine eigene Energie zu halten. Und da es ja keine absolute Wahrheit gibt, sondern immer nur unsere eigene Sicht auf die Welt, lade ich Dich ein, diese Philosophie einfach mal für Dich zu testen. Wenn Du sie anwendest, könnte es Dir passieren, dass Du viel öfter ausgeglichen und mit einem zufriedenen Grinsen durch Deinen Tag läufst.

Wenn jemand etwas Liebes zu Dir sagt, dann nimm es persönlich. Dein Gegenüber spricht dann aus seinem Herzen. Öffne Dich und nimm wirklich an, was dieser Mensch zu Dir sagt – ob es ein ausgesprochenes Kompliment ist oder einfach ein liebevoller Blick: Das ist ein Ausdruck seiner Liebe an Dich. Nimm sie an. Denn es gibt nichts Wichtigeres auf der Welt als den Ausdruck von Liebe.

Das heißt im Umkehrschluss auch, Komplimente nicht abzuschmettern – oder sofort zurückzugeben. Kein *Ach, so besonders ist das gar nicht*, kein *Du aber auch* – einfach nur mal annehmen. Nur *Danke* sagen und Dich freuen. Nimm es wirklich persönlich. Das ist für Dich und nur für Dich, weil Du so ein besonderer und liebevoller Mensch bist. Wenn Dir Liebe begegnet, nimm sie immer persönlich und sei dankbar!

Auf der anderen Seite: Wenn jemand etwas Schlechtes zu Dir sagt, wenn jemand Dir schlechte Wellen, schlechte Gedanken schickt, Dich runtermacht, beschimpft, anschreit oder sogar mobbt, dann nimm es bitte nicht persönlich, weil Dein Gegenüber gerade nicht in seinem wahren Wesen verwurzelt ist.

Unser aller wahres Wesen ist Liebe. Wenn jemand Dir gegenüber etwas anderes ausdrückt, dann ist er nicht mit seiner Kraft verbunden oder Du spiegelst ihm gerade etwas oder hast unbeabsichtigt Knöpfchen gedrückt, die dem anderen wehtun. Er ist dann in der Gedankenwelt verloren oder einfach nur *außer sich*, also nicht in seiner Mitte. Daher spricht nicht sein wirkliches Wesen zu Dir. Du hast somit gar keinen Grund, es persönlich zu nehmen.

Vielleicht kannst Du sogar Mitgefühl (bitte nicht mitleiden!) für diesen Menschen entwickeln, der sich gerade in diesem Moment so weit von seinem inneren Selbst entfernt hat. Schicke ihm in Gedanken ganz viel Liebe, öffne Dein Herz und erinnere ihn daran, wer er wirklich ist. Schicke ihm in Gedanken eine Erinnerung an die Quelle. Denke immer daran: Wir alle sind Liebe und wir alle sind unschuldig, auch wenn es manchmal so schwer ist, dies zu leben. Die Erde ist ein wunderbarer Übungsplanet, also tobe Dich aus und gib alles, gib Dein Bestes. Du kannst das!

Der andere sagt diese Dinge nicht wirklich, um Dir wehzutun. Es ist sein eigener Schmerz, der dadurch entsteht, dass er sich so weit von seinem Selbst entfernt hat, der da zum Ausdruck kommt. Dieser Schmerz will irgendwo hin – will raus aus seinem Schattendasein und wenn Du grade in der Nähe bist, bekommst Du ihn ab. Doch das ist nicht persönlich gegen Dich gerichtet. Wenn Du selbst ganz viel Kraft hast, nimm diesen Menschen in den Arm oder liebe ihn in Gedanken aus ganzem Herzen, sei bei ihm und verurteile ihn nicht. Deine Aufgabe ist dann einfach, diese Dinge nicht persönlich zu nehmen – und diesem Menschen in Gedanken eine Erinnerung daran zu schicken, wer er wirklich ist.

Natürlich erfordert diese Philosophie etwas Übung und am Anfang geht es vielleicht auch noch nicht so leicht. Doch denke daran, es ist noch kein Meister vom Himmel gefallen. Lass Dir Zeit und übe. Ärgere Dich auch bitte nicht, wenn es mal nicht funktioniert und Du so richtig sauer wirst. Wenn Du dann so vor

Dich hin wütest oder sogar schon kochst, dann lasse Deinen Dampf ab, schreie Dir alles von der Seele, gehe laufen, atme oder kauf Dir eine *Djembe* – Trommeln befreit ungemein. Was hier weniger gut funktioniert sind Schokolade, fette Burger und Alkohol, denn damit nimmst Du nur zu, doch der Frust bleibt.

Es erfordert Übung, sich wirklich auf die Schwingungen der Liebe einzulassen, wenn uns jemand Liebe schenkt, uns wirklich zu öffnen, die Liebe anzunehmen und einfach nur *Danke* zu sagen. Wenn Dir jemand Liebe (auch in Form von Komplimenten) schenkt, dann nimm sie an. Nimm allen Mut zusammen und öffne die Tür Deines Herzens.

Genauso erfordert es auch Übung, sich von den negativen Schwingungen anderer Menschen nicht anstecken zu lassen, sondern gerade in Situationen, in denen Dich jemand beschimpft, in Deiner Mitte und in dem Wissen zu bleiben, dass Du ein wundervolles Wesen bist. Genau wie Dein Gegenüber auch. Nur hat Dein Gegenüber übergangsweise keinen Zugang zu seinem inneren Wesen und fühlt deswegen Schmerz. Diesen Schmerz versucht er loszuwerden. Zugegeben, nicht gerade auf die charmanteste oder effektivste Weise, doch in Wahrheit will auch er nur wieder zurück zu seinem wahren Wesen. Also hilf ihm, verweigere Dich bitte nicht und habe ganz viel

Geduld, sende ihm Liebesstrahlen über Dein Herz. Liebe Dein Gegenüber ohne Ende, denn Liebe ist das Einzige, was sich immer vermehrt, sobald wir es aussenden.

Magst Du üben?
Wenn Du einen festen Rahmen möchtest oder brauchst, schau doch bitte mal in unser Seminarangebot. Dort findest Du Gleichgesinnte, Menschen, die genau das mit uns üben. Doch es geht auch sehr gut alleine oder mit einem Freund bzw. einer Freundin.

ALOHA

Ich kam taufrisch und mit dem guten Aloha-Gefühl im Herzen aus Bayern von meiner Ausbildung zurück. Es war für mich wieder einmal eine wunderschöne und erfüllende Erfahrung, wie glücklich die Hawaiianer sind und wie sie mit einfachen Möglichkeiten ihr Glück und die Liebe im Herzen behalten. In diesem Abschnitt möchte ich Dir berichten, was es mit diesem Glück und dem *Aloha-Gefühl* auf sich hat, denn eines ist wohl sicher: Wir alle wollen im Leben vor allem eins: *glücklich sein.*

Nicht zuletzt ist dies häufig ein Grund, warum sich Menschen in Beziehungen stürzen: Sie haben die Hoffnung, dadurch glücklicher zu werden. Die Praxis zeigte mir jedoch, dass Liebesbeziehungen auf der Liste der Dinge, die glücklich machen, nicht an oberster Stelle stehen. Das ist auch nicht weiter verwunderlich, schließlich verlaufen nicht gerade viele Beziehungen glücklich.

Interessant ist auch, dass der Faktor Geld nicht sehr weit oben auf der Liste angesiedelt ist. Geld gibt einem zwar eine gewisse Sicherheit, aber dauerhaft glücklich macht es uns nicht. Ein sehr eindeutiger Beweis dafür ist die Tatsache, dass Menschen in ärmeren Ländern oftmals weitaus glücklicher sind, als wir Dauergestressten in unserer Wohlstandsgesellschaft.

Was aber macht uns wirklich glücklich?
Es gibt seit einigen Jahren einen eigenen Forschungszweig, der sich ausschließlich mit dieser Frage beschäftigt: *Was ist Glück und wie wird man glücklich?* Die sogenannte *Glücksforschung* hat herausgefunden, dass folgende Dinge den Menschen am meisten glücklich und zufrieden machen, und zwar dauerhaft:

- Unsere sozialen Bindungen.
  Damit sind Familie, Freundschaften und die gemeinsamen Unternehmungen gemeint. Freundschaften haben oft einen sehr ausgleichenden Effekt auf die Psyche. Menschen sind soziale Wesen, wir brauchen den Austausch mit anderen, denen wir vertrauen. Freunde sind mit das Wichtigste im Leben.

- Freude an der Arbeit.
  Eine Arbeit, die einem keinen Spaß macht, die einen völlig über- oder unterfordert, ist einer der Hauptfaktoren für Unzufriedenheit und negativen Stress. Selbst die schönste Beziehung kann diesen Faktor nur schwer ausgleichen. Eine Arbeit, für die man Anerkennung bekommt und

eine gewisse Selbstverwirklichung dabei ausübt, macht einen hingegen überaus zufrieden. Und auch hier kam heraus, dass das Gehalt nicht an erster Stelle steht. Interessant, nicht wahr?

- Gesundheit im Sinne von regelmäßiger Bewegung und einer gesunden Ernährung.
  Durch regelmäßige Bewegung steigert sich Dein Wohlbefinden ganz automatisch. Wenn Du Dich dazu auch noch vernünftig ernährst, fühlst Du Dich eindeutig besser und wohler in Deiner Haut. Denk daran: Attraktivität kommt aus dem Inneren, Du musst Dich wohl in Deiner Haut fühlen. Sport und gute Ernährung können wahre Wunder bewirken!

- Konzentration.
  Das Leben im Hier und Jetzt, nicht in der Zukunft oder Vergangenheit, ist ein weiterer Punkt zum Glück. Daher möchte ich Dich hier einladen, es mit Meditation oder Yoga zu versuchen, um in die Entspannung zu kommen.

Viele Menschen grübeln tagtäglich darüber nach, was sie alles verpasst haben im Leben, oder glauben, wenn sie erst mal dies oder jenes erreicht hätten, würde es ihnen gut gehen. Mach diesen Fehler bitte nicht. Begebe Dich mit Deinen Gedanken in die Gegenwart, in das Hier und Jetzt, denn genau da findet Dein Leben statt. Jetzt. Und nur jetzt ist die Chance, das Leben zu genießen, die positiven Seiten daran zu erkennen und an den negativen Seiten zu arbeiten. Denn es sind Deine Ängste, die Dich daran hindern, glücklich zu sein, die immer in der Zukunft oder in der Vergangenheit hängenbleiben. Versuche Dich darin zu üben, Deine Ängste anzunehmen und Dich mehr auf das Leben und die Liebe einzuschwingen, denn damit lässt Du automatisch die Angst los.

Unser hawaiianischer Lehrer sagte uns ganz eindringlich, dass wir immer die Macht haben, das zu tun, was uns guttut, und dass wir die Kraft haben, das zu tun, was wir möchten.

Überprüfe einmal Deine Erwartungen und schaue, ob sie realistisch sind. Ein weiser Mann hat einmal gesagt: *Der Perfektionismus ist der größte Feind des Glücks.*

Du solltest Deine Möglichkeiten kennen und danach handeln, Dich nicht permanent mit anderen Menschen vergleichen. Es wird immer Menschen geben, die Dir über- oder unterlegen sind. Gehe ehrlich aber fair mit Dir selbst um und versuche bitte nicht, alles perfekt zu machen. Damit gerätst Du in einen Teufelskreis, der Dich nur nach unten ziehen kann – und er macht Dich nicht glücklich.

Als Nächstes haben die Forscher die *guten Gedanken* auf ihrer Liste. Wenn Du Dankbarkeit gegenüber den Dingen und Menschen, die um Dich sind, spüren kannst, dann ist das der schnellste Weg, um Dich sofort besser zu fühlen. Wenn Du ein Dach über dem Kopf hast, genug zu essen, womöglich auch noch einen Highspeed-Internetanschluss, hast Du bereits jede Menge Dinge, für die Du dankbar sein kannst. 80 Prozent der Weltbevölkerung genießen noch nicht mal ansatzweise den Luxus, den wir hier haben.

Ein weiterer interessanter Punkt lautet: Gelassener mit dem Unglück umgehen und auch die Chancen eines Neuanfangs sehen. Wir kommen alle immer wieder mal an den Punkt, an dem uns alles stinkt, an dem die ganze Welt über Nacht zusammengebrochen ist. Solche Punkte gehören zum Leben dazu und sind immer auch eins: der Beginn eines neuen Kapitels, eines neuen Abschnitts. Neuanfänge haben oft ein großes Potential dafür, dass wir uns verändern – und zwar zum Positiven!

Wie hat Hermann Hesse schon vor vielen Jahren so treffend in seinem Gedicht *Stufen* geschrieben:
Und jedem Anfang wohnt ein Zauber inne, der uns beschützt und der uns hilft, zu leben.

In der Philosophie der hawaiianischen Kahunas lernen wir zuerst, uns wieder selbst zu ermächtigen. Alle Macht liegt in uns. Wir schauen nicht mehr nach den anderen, was diese tun oder nicht tun, sondern wir nehmen das Zepter wieder in die eigene Hand und nutzen unsere natürlichen Fähigkeiten zur Heilung, um die natürliche Harmonie der Schöpfung zu erhalten oder wiederherzustellen, wenn wir aus dem Gleichgewicht geraten sind. Unsere natürlichen Fähigkeiten sind: Atmung, Gefühle, Bewegung, Gedanken, Sprache, Laute, Worte, Imaginationen, Lenken und Leiten von Energien, Schöpfungs- und Gestaltkraft. Wir alle sind Sender und Empfänger von hoch schwingender Lichtenergie, wir müssen nur wieder lernen, sie in unser Leben zu integrieren und einzusetzen. In der Philosophie der Kahunas lernen wir, diese natürlichen Fähigkeiten zu nutzen, um Heilung, Glück, Segen und Bereinigung zu bewirken.

Die sieben Prinzipien der hawaiianischen Huna-Philosophie haben mich am meisten begeistert, denn sie ermächtigen mich zu einem selbstbestimmten und glücklichen Leben. Wenn du diese Prinzipien anwendest, wirst du feststellen, wie sich in dir eine liebevolle, entspannte und herzliche Haltung entwickelt. Dein ganzes Sein wandelt sich in ein Dasein aus Frieden, Wohlbefinden, Harmonie und Wohlstand. Du bist einfach lebendig im Hier und Jetzt und glücklich.

Die sieben Prinzipien des HUNA sind einfach, deutlich und zeitlos:

- IKE: Die Welt ist so, wie Du glaubst, dass sie ist.
- KA: Es gibt keine Grenzen.
- MAKI: Die Energie fließt dahin, wohin deine Aufmerksamkeit geht.
- MANAWA: Jetzt ist der Augenblick der Macht.
- ALOHA: Lieben heißt, glücklich zu sein mit …
- MANA: Alle Macht kommt von Innen.
- PONO: Wirksamkeit ist das Maß der Wahrheit.

Solltest Du an einem Punkt stehen, der Dein Herz gerade mal nicht jubeln lässt, so beantworte doch bitte die Fragen am Ende des Kapitels und komme Dir damit wieder näher.

Du bist der Schöpfer Deines Lebens. Du hast die Regie in Deinem Lebensfilm, alle anderen sind nur die Mitspieler. Mit Deinem Glauben, Deinen ureigenen Grenzen und Deiner Liebe sowie Deiner Aufmerksamkeit kannst Du Dein Leben dorthin lenken, wo Du es haben möchtest. Vergiss dies bitte nie!

INNENSCHAU

- Fühlst Du Dich glücklich in Deinem Leben, wie es gerade ist?
- Was fehlt Dir?
- Was bringt Dein Herz zum Schwingen?
- Lebst Du aus dem Herzen?
- Wenn ja, woran kannst Du es festmachen?
- Wenn nein, was bräuchtest Du, um aus Deinem Herzen leben zu können?
- Macht Deine Arbeit Dich glücklich?
- Bekommst Du Respekt und Anerkennung für Deine Arbeit?
- Wenn nein, warum bleibst Du, wo Du bist?
- Hast Du den Mut, Dein Leben ins Positive zu ändern?
- Erlaubst Du Dir, kraftvoll, liebevoll und glücklich zu sein?
- Was denkst Du wirklich von Dir?
- Wem gibst Du die Macht (Deinem Partner, Deinem Chef, Deinen Eltern …)?
- Wo ist Deine Aufmerksamkeit?

WILLST DU RECHT HABEN ODER GLÜCKLICH SEIN?

In unseren Seminaren haben wir eine Übung, in der es darum geht, das *Rechthabenwollen* zu Gunsten des *Glücklichseins* aufzugeben und Schuld aufzulösen. Unsere Teilnehmer sind bei dieser Übung immer sehr berührt und sie verändert auch im Nachhinein viel im Leben des Einzelnen.

Egal wo Du im Leben stehst, beobachte Dich einmal und frage Dich immer wieder, wenn Du spürst, dass Du gerade *Recht haben willst*, ob Du Dich nicht doch lieber für das *Glücklichsein* entscheiden magst. Sobald Du diese Entscheidung getroffen hast, bist Du raus aus dem Machtkampf und Du kannst gelassener und liebevoller sein.

Um zu lieben, brauchen wir wahrhaftige innere Stärke. Oftmals müssen wir stärker sein, als wir dachten. Viele leben in einem Umfeld, das von Konkurrenz geprägt ist. Da fällt es dann schwer, sozial, liebevoll und mitfühlend zu sein. Zum Glück haben wir ein inneres Warnsystem, das uns zeigt, ob wir gegen die Gesetze der Liebe verstoßen haben: Schuldgefühle oder einfach ein negatives Gefühl in uns.

Alles, was uns überfordert, bewirkt eine Schwächung des gesamten Systems. Wir fühlen uns dann müde und erschöpft oder leiden unter Stimmungs-schwankungen. Keiner von uns ist dagegen gefeit, es ist das Gesetz der Materie, das sich hier durch-setzt. Jeder noch so kleine Gedanke, jedes noch so schwache Gefühl wird von unserem Körper aufge-zeichnet und gespeichert. Auch alle unsere inneren Kämpfe werden von unseren Zellen gespeichert. Und da das Unterbewusstsein sich alles merkt, bleibt es dann im System.

Wenn wir zusätzlich zum alltäglichen Gehetze auch noch immer wieder gedacht haben, wir seien nichts wert und müssten dies oder das tun, um wertvoller zu sein, oder kämpfen, um recht zu haben, dem Chef beweisen, dass wir doch gut sind, dem Partner zei-gen, dass wir liebenswert sind und gleichzeitig aber an unserer Überzeugung verzweifeln, es nicht schaf-fen zu können, sondern immer und ewig zu verlie-ren, dann ist irgendwann der Speicher leer und das System meldet sich mit Energielosigkeit und Müdigkeit, wenn es nicht gleich abstürzt. Wir sind überflutet mit Informationen, die nicht nur wertlos, sondern regelrecht vergiftend sind.

Was soll unser Körper davon halten, wenn wir ihm mit erschütternder Regelmäßigkeit Gedanken zumu-ten wie:

- *Ich bin nicht gut genug.*

- *Ich habe es mal wieder vermasselt.*
- *Mein Leben ist trostlos.*
- *Und ich hatte doch mal wieder recht.*
- *Mist, nun habe ich Schuldgefühle, denn ich habe mal wieder das Falsche gesagt.*
- *Ich bin ein schlechter Mensch.*
- *Warum soll mein Partner einen Menschen wie mich lieben, es gibt doch so viele bessere.*
- *Ich habe versagt, mein Chef sieht auch, dass ich nicht gut bin.*

Solche Gedanken wirken wie Gift, sie töten uns innerlich ab. Und sie entwerten uns permanent. Wie willst Du Dich gut fühlen, wenn Du so über Dich denkst? Wie soll unsere äußere Welt gut aussehen, wenn ihre Bewohner ständig recht haben müssen, ständig im Kampf sind und sich hassen? Oder aus einer anderen Perspektive betrachtet: Wie würde unsere Welt aussehen, wenn ihre Bewohner sich lieben würden? Doch dazu müssten sie mutig sein und tief innen in sich selbst *Ja* zu sich sagen.

Wieso gelingt es einer kleinen Schicht von Menschen unglaublich riesige Geldmengen anzuhäufen, die ihnen unglaubliche Macht und Kontrolle verleihen? Wieso bestimmen gigantische Wirtschaftsunternehmen das Schicksal unserer Erde? Warum haben wir, die Mehrheit, das zugelassen? Nicht weil wir es einfach nicht geschafft haben, Teil dieser winzigen Machtelite zu werden, sondern weil wir uns und sie ablehnen und unbewusst dem fügen, was man uns und der Erde antut. Da wir uns schuldig fühlen, wollen wir verurteilt werden. Aber stimmt das denn? Sind wir schuldig?

Ich kann nur eine Schuld erkennen, nämlich dass wir uns so beharrlich weigern uns anzunehmen und auch heute noch, als *erwachsene Kinder*, unseren Eltern die Schuld an unserem Versagen geben. Wir sind inzwischen erwachsen gewordene Kinder, denen man vielleicht in der Kindheit übel mitgespielt hat, doch warum wollen wir nicht erwachsen werden und zuerst einmal uns selbst annehmen und erkennen, dass unsere Eltern nicht an unserem Schicksal schuld waren, sondern dass sie alles gaben, was sie zu geben hatten? Sie haben uns ihr Bestes gegeben, mehr konnten sie nicht. Hätten sie es besser gewusst, hätten sie sicherlich anders gehandelt, so wie wir heute unser Bestes geben.

Echte Reife, echtes Erwachsensein ergibt sich aus der Bereitschaft, dass wir Verantwortung für unsere Gedanken und unser Tun und Handeln übernehmen, dass wir auch mal fünf gerade sein lassen können und nicht immer recht haben müssen, dass wir vergeben und verzeihen können, dass wir innerlich wachsen und dann auch ernten dürfen, was wir Gutes ausgesät haben.

Die Ernte zeigt uns, wie viel wir geliebt haben. Jeder von uns sollte sich überprüfen. Fragen wir uns:

- *Liebe ich mich?*
- *Mag ich meine Art aufzutreten?*
- *Finde ich mich in Ordnung?*

Achte auf Deine Gedanken und Gefühle! Erfülle Dich mit Glücksgedanken. Bei allen Prüfungen schaue immer auf den Aspekt der Nützlichkeit für Dein Weiterkommen in Sachen: mehr Liebe, mehr Erkenntnis, mehr Weisheit, mehr Toleranz, mehr Lebensfreude.
Nimm Deinen Humor zu Hilfe. Vergiss ihn nicht! Er ist das schönste Heilmittel und das beste Rezept, um Schuld in Liebe zu verwandeln. Und hole Dir als Unterstützung die Kraft in der Natur. Sie schützt und inspiriert uns, auch wenn wir nicht immer gut genug auf sie achten. Doch je mehr Liebende es gibt, je stärker unsere Gemeinschaft der Liebenden wird, desto mehr wird unsere Erde wieder gesunden und gemeinsam mit uns ein neues Zeitalter einläuten.

Wie fällt Deine Ernte aus? Fällt es Dir schwer, einfach einmal nicht recht haben zu wollen? Beschuldigst Du Deine Eltern, dass Dein Leben so verlief, wie es verlief oder magst Du die Verantwortung für Dein Sein übernehmen? Bist Du humorvoll?

_____

_____

_____

_____

_____

_____

_____

_____

_____

DANKBARKEIT

Mein Mann und ich waren vor einigen Jahren mit Freunden auf einem wunderbaren Seminar. Es ging um *Erfolg in Beziehungen*. Wir waren ca. 140 Teilnehmer und fühlten uns dennoch als Einheit und sehr vertraut. Manche Teilnehmer, die in den Fokus kamen und ihre Sorgen oder Probleme erzählen konnten, berührten uns alle sehr. Auf dem Nachhauseweg fühlten wir uns alle getragen von dem Gefühl der Einheit und kamen uns vor, als wären wir in eine Wattewolke eingehüllt. Unsere Herzen waren voller Liebe und Dankbarkeit.

Zu Hause angekommen, wurde ich zwei Tage später krank. Eine ziemlich heftige Erkältung hatte mich erwischt und meine Stimme war nur noch ein krächzendes Flüstern. Da ich nicht arbeiten, nicht reden konnte, nutze ich die Zeit, um mich mit mir selbst zu beschäftigen und das Seminar nochmals zu reflektieren. Mir wurde ganz deutlich bewusst, dass wir, solange wir einander lieben und uns an dieses Gefühl der Liebe erinnern, sterben können, ohne jemals wirklich fort zu gehen. All die Liebe, die man jemals in seinem Leben erschaffen hat, ist noch immer da. Alle Erinnerungen sind noch immer da. Man lebt weiter in den Herzen aller Menschen, die man berührt und denen man Gutes getan hat, während man hier auf der Erde war.

Der Tod beendet Dein Leben, nicht Deine Beziehung, nicht das, was Du in den Herzen der Menschen erschaffen hast.

Meines Erachtens sind die wirklich wichtigen Fragen im Leben nicht die nach dem tollsten Job, dem meisten Geld oder welches Auto nun ansteht, sondern die Fragen, die sich um Liebe, Verantwortung, Spiritualität und das Bewusstsein drehen. Und nicht zuletzt um die Dankbarkeit, denn wie dankbar kannst Du auf Dein jetziges Leben zurückblicken? Fühlst Du Dich gut? Wem möchtest Du aus ganzem Herzen danken?

Hast Du Dir mal die Frage beantwortet, was Du tun würdest, wenn Du nur noch einen Tag zu leben hättest? Diese Frage stellte uns ein berühmter Schweizer Trainer in einem seiner Seminare. Es war eine herausfordernde Aufgabe, doch die Lösung zeigt Dir, nach was Dein Herz und Dein ganzes Sein sich wirklich sehnen.

Heute Morgen fiel mir eine Karte einer Klientin mit einem Gedicht in die Hände, die sie mir zum Abschluss des Jahres sandte:

Dankbar
Lasst uns dankbar sein gegenüber Leuten,
die uns glücklich machen.
Sie sind die liebenswerten Gärtner,
die unsere Seele zum Blühen bringen.

Sicherlich gibt es auch in Deinem Leben Menschen, denen Du aus ganzem Herzen danken kannst: Deine Eltern, Deine Geschwister, Dein Partner, Deine Freunde, Deine Kollegen, Deine Chefs … oder auch Dein Auto, Dein Haustier, Dein Haus, Deine Bücher und, und, und … Du kannst für alles dankbar sein, was sich in Deinem Leben zeigt:

- *Danke für meine Gesundheit.*
- *Danke für meine Lebensfreude.*
- *Danke für meinen gesunden Menschenverstand.*
- *Danke, dass ihr mir mein Leben geschenkt habt.*
- *Danke, dass ihr mich liebt.*
- *Danke, dass Du Dich um mich sorgst.*
- *Danke, dass Du mich versorgst.*
- *Danke, dass Du mir den Rücken stärkst und mich in schwierigen Situationen ermutigst.*
- *Danke, dass Du zu mir stehst.*
- *Danke, dass Du Freude und Leid mit mir teilst.*
- *Danke, dass Du immer im rechten Moment da bist.*

- *Danke, dass Du mein Leben lebendiger und bunter machst.*
- *Danke, dass Du Dich um mich kümmerst, wenn es mir nicht so gut geht.*
- *Danke, dass Du mich pflegst.*
- *Danke, dass Du an meinem Totenbett wachst.*
- *Danke, dass ihr um mich trauert.*

Es gibt kein Ende. Also können wir jeden Tag dankbar sein.

Im Kurs mit meinen Teilnehmern machten wir eine Dankbarkeitsübung, indem wir die Dankbarkeit von unseren Mitmenschen übernahmen und diese dann mit anderen uns lieben und wertvollen Menschen teilten. Ausnahmslos alle waren von dieser Übung so berührt, dass ihnen die Tränen kamen. Und am Ende der Übung spürten alle, dass sich ihr Herz geöffnet hatte und sie spürten die tiefe Liebe zu ihren Mitmenschen.

Diese Übung kannst Du jederzeit zu Hause alleine durchführen, doch viel schöner ist sie in einer Gemeinschaft mit Gleichgesinnten.
Ich denke, die wirklich großen Fragen des Lebens bringen uns alle in unser Herz und in unsere Mitte zurück. Es entsteht ein Gefühl von Frieden und

Leichtigkeit. Wir fühlen uns liebenswerter und als Teil des großen Ganzen. So wünsche ich uns allen, dass wir immer wieder die Zeit finden, inne zu halten, uns wahrzunehmen und unsere Liebe und Dankbarkeit mit anderen Menschen zu teilen. So bleiben wir dann über den Tod hinaus mit allen verbunden.

Ich würde mich sehr freuen, wenn diese Zeilen allen Menschen Trost schenken, die gerade einen Menschen aus ihrer Mitte verloren haben.

ABSCHIED: DU DARFST SCHWACH UND HILFLOS SEIN

Im Jahr 2010 befand ich mich von jetzt auf gleich in den schmerzlichsten Gefühlen meines Daseins. Der Tod hatte in unserer Familie Einzug gehalten. Ich fühlte mich entwurzelt, war bodenlos traurig und gleichzeitig wütend. Wie viele Bücher und Seminare hatte ich besucht, wie viel von Loslassen und spirituellen Riten gehört – aber es war, als wäre mein Hirn leer gepustet.

Klar, ich funktionierte: Abschied nehmen, Totenwache halten … Ich saß stundenlang neben dem Bett meines Vaters, sprach mit ihm, streichelte ihn und dankte ihm, dass er mein Papa war. Ich sagte ihm, wie sehr ich ihn geliebt hatte und wie weh es mir tat, ihn leiden zu sehen. Es tat mir auch weh, dass er die letzten zwei Wochen nicht mehr mit mir sprach, obwohl ich tief in mir wusste, dass es ihm viel zu weh tun würde, sich von mir, *seinem Mädchen*, zu verabschieden. Doch das eine ist Kopf, das andere ist Herz. Ich sah meine Mutter weinen, sah, wie jeder mit sich kämpfte, und versuchte, stark zu sein.

Am nächsten Morgen wurde der Sarg aus dem Haus getragen. Dieser Moment ließ mich in die Knie gehen – dies war der Abschied für immer. Am liebsten hätte ich mich vor den Leichenwagen gestellt. Ich hatte hohe Achtung vor meinem Bruder, der meinen Vater für seine letzte Reise ankleidete. Die Türen des Leichenwagens schlugen zu und ich weinte hemmungslos. Jetzt konnte ich ihn nie, nie, nie wiedersehen. Ich wollte das einfach nicht wahrhaben, es tat so weh. Ich stand noch lange draußen und schaute ins Leere und weinte.

Irgendwann begriff ich, dass mein Vater ins Krematorium gebracht wurde, verbrannt, in ein paar Tagen würden wir ein kleines Gefäß mit Asche erhalten. Nichts zeigt so drastisch unsere Vergänglichkeit an wie eine Urne, mit dem bisschen Rest, der von uns bleibt.

Meine Eltern wohnten in einem kleinen Dorf in der Pfalz. Dort war es üblich, dass die Menschen vorbeikamen, um ihr Beileid auszusprechen. Ich fand es manchmal so gruselig, was die Leute von sich gaben, dass ich das Zimmer verlassen musste.

Wir hatten zwei Wochen Zeit zwischen Todestag und Beerdigung. Ich hatte große Angst vor diesem Tag und bat alle geistigen Helfer um Unterstützung. Im Gottesdienst gab es einen Moment, in dem ich dachte: *Lieber Gott, bitte hilf uns, ich habe keine Kraft mehr und ertrage das Leid gerade nicht. Bitte tröste meine Mama, meinen Bruder und meine Nichte und meinen Neffen.* Ich hörte, wie alle hinter mir schluchzten, selbst unsere Pfarrerin weinte, da sie auch sehr berührt war. Die Gemeinde sang das Lied *Herr, Deine Liebe ist wie Gras und Ufer* und dann flog mitten über dem Altar ein großer weißer Schmetterling. Ich sah ihn und war sofort ruhiger. Ich berührte meine Mama, zeigte auf den Schmetterling und hinterher sagten wir uns *Die Engel waren mit uns.* – Selbst in der größten Not sind wir nicht alleine. Niemals.

Eine Woche später verstarb dann meine liebe Freundin. Sie erlag ihrem Krebsleiden. Innerhalb von drei Wochen musste ich zwei über alles geliebte Menschen loslassen. Ich verstand die Welt nicht mehr und versank in tiefster Trauer und Verzweiflung. Meine Praxis hatte ich für eine Weile geschlossen, danach lief sie auf Sparflamme, da ich in diesem Zustand unmöglich mit Menschen arbeiten konnte. Wenn ich es doch versuchte, kam eine Krankheit nach der anderen auf mich zu und zwang mich zur Ruhe. – Meine himmlischen Helfer sorgten dafür, dass ich mich durch den Prozess hindurchheilte.

Ja, ich weinte die Kissen voll, bedauerte mich zutiefst, versank im Selbstmitleid und mein Herz war rohes Fleisch. Die Schmerzen in meinem Herzen waren riesengroß und ich selbst fühlte mich klein und elend. Ich verlor täglich an Gewicht, hatte dunkle Ringe unter den Augen und tiefe Sorgenfalten um den Mund. Meine Freunde gaben sich alle Mühe, bekochten mich und versuchten mich aufzumuntern, doch ich kam aus meinem Tief nicht heraus. Ständig verfiel ich in Weinanfälle und verstand weder die Welt noch mich selbst.

Alles was ich jemals gelernt hatte, alles was ich jederzeit an die Menschen weitergab, war aus meinen Gedanken verschwunden. Es gab nur noch dieses tiefe Leid und diese unendliche Trauer. Es vergingen gute acht Wochen in diesem schmerzvollen Zustand. In den Meditationen konnte ich mich nicht konzentrieren, also ließ ich sie auch irgendwann sein. Ich gab mich komplett diesem Gefühl von Trauer, Ohnmacht und Selbstmitleid hin.

Eines Morgens hatte ich eine mir wohlbekannte Melodie im Ohr. Ich wunderte mich und dann kamen die Erinnerungen: In meiner Ausbildung zur Persönlichkeitstrainerin lief dieses Lied immer, wenn es um die Dualität ging. Wir kauerten zu Beginn dieses Liedes am Boden, versunken in unser Leben und unseren Schmerz. Dann standen wir langsam auf, schauten auf die andere Seite, entdeckten, dass es ein Licht gab, dass es immer zwei Seiten von allem gibt, streckten uns und gingen in das Gefühl der Freude.

Genau das tat ich nun auch. Ich ging in die absolute, tiefste Dunkelheit meines Seins, in alle meine Schwächen, in mein ganzes Leid, ließ es auf mich wirken, schaute mir an, wie es entstanden war, und dann sah ich in der Tiefe ein Licht. Die Esoteriker würden sagen, es ist der *leuchtende innere Kern* – für mich war es der göttliche Funken, den jeder in sich trägt.

Ich empfand eine so tiefe Dankbarkeit, dass ich vor Freude weinte. In mir gab es tatsächlich noch etwas Helles, noch etwas *Brauchbares*. Ich habe mich mit diesem Licht verbunden, spürte seine unendliche Kraft und wusste (es war ein inneres Wissen), jetzt geht es aufwärts.

Und es ging aufwärts – in einem Tempo, das sagenhaft war. Ich erhielt von allen Seiten Hilfen. Und ganz wichtig: Ich konnte diese Hilfen annehmen. In mir entwickelte sich ein unendliches Gefühl von Demut und Dankbarkeit. Und je dankbarer ich jeden neuen Tag ohne Tränen begrüßte, umso mehr Freude und wundervolle Begegnungen wurden mir geschenkt. Mein Telefon in der Praxis lief heiß, innerhalb kürzester Zeit war ich wieder auf Wochen ausgebucht. Ab diesem Zeitpunkt konnte ich auch wieder richtig meditieren, meine *Bestellungen* wurden wieder prompt geliefert und eines Tages wachte ich auf und spürte, dass ich glücklich war.

Da es keine Zufälle im Leben gibt, sondern nur die alten Gesetze wirken, fand ich in einem Buchladen das wunderbare Buch von Lynn Grabhorn: *Aufwachen – Dein Leben wartet*. Schon der Titel gefiel mir und ich kaufte es. Lynn beschreibt in diesem Buch, wie wir unser Ventil immer offenlassen können, wie wir heilen können und somit nur noch gute Ereignisse in unser Leben ziehen.

Heute – nachdem ich durch das ganze Leid durchgegangen bin – weiß ich, dass ich davor nicht *ganz* war. Teile in mir waren bedürftig, waren schwach, waren nicht heil. Heute bin ich dankbar für diese Erfahrungen, bin stärker denn je, weiß, dass ich alles, was ich brauche, in mir selbst habe und bin glücklich.

Das Leben ist ein wunderbarer Spiegel und Du kannst sofort erkennen, ob Du gerade *ganz* bist oder ob irgendetwas aus den Fugen geraten ist. Wenn dein Chef Dich nervt, die Kollegen Dir übel mitspielen, dein Partner sich unmöglich verhält, dann schau nach Dir. Es hängt immer mit Dir, mit Deinen Gedanken, mit Deiner Ausstrahlung zusammen.

Ich hoffe, dass ich mit diesen Zeilen ganz vielen Menschen Mut mache. Wenn Du gerade durch eine Lebensphase voller Trauer gehen musst, wenn Du in

Depressionen versinkst, wenn Du mutlos oder hoffnungslos bist, dann gestehe es Dir zu. Du darfst auch mal schwach und hilflos sein!

Doch glaube mir, ganz tief in Dir drin leuchtet auch dieses Licht. Suche es und lasse Dir helfen. Erlaube Dir auch mal, Hilfe anzunehmen. Und dann steh auf und geh Deinen Weg – zurück zu Dir – zurück zu dem, was Dich ausmacht in Deiner Einzigartigkeit. Und vertraue darauf, dass Du geliebt wirst. Vertraue darauf, dass Du nie tiefer fallen kannst, als in Gottes Hände. Gott und seine Helfer lieben Dich ohne Ende. Sie schenken Dir diese Erfahrungen, damit Du genau das erkennen darfst. Seine Liebe ist grenzenlos und egal, ob Du schwach oder stark bist, Gott liebt Dich so wie Du bist.

Ich wünsche Dir von Herzen, dass Du erfährst, dass niemand wirklich geht. Wir sind und bleiben durch die Liebe in uns mit allen unseren Verstorbenen verbunden. Wir können Sie vermissen, das ist durchaus okay, doch wir können auch mit ihnen reden und liebevoll an sie denken, denn dies tröstet uns auf dieser weltlichen Ebene.

Eines Tages hatte ich dann die Erkenntnis, dass uns Jesus mit seiner Kreuzigung zeigte, dass wir auch durch den tiefsten Schmerz hindurchgehen können, wenn wir an die Liebe glauben. Doch nichts ist schwerer, als in dunklen Zeiten voller Trauer und Hader an die Liebe zu denken. Tue es trotzdem. Verbinde Dich mit dem Himmel oder an wen auch immer Du glaubst und übergebe ihm Deinen Schmerz und verpflichte Dich für den nächsten Schritt und die Wahrheit. Wenn Du das tust, zeigst Du, dass Du Dich liebst und dass Du auch bereit bist, andere zu lieben und ihnen zu vergeben.

Mehr darüber kannst Du in dem wunderbaren Buch *Ein Kurs in Wundern* nachlesen. Dort findest Du für jeden Tag Übungen, die Dich in Deinem Dasein weiterbringen und Dich vor allem wieder in die Liebe zurückbringen.

Verzeihen und vergeben sind die Eckpfeiler der Liebe. So wünsche ich Dir, dass Du die Liebe und die Zuversicht von Jesus spüren und damit Dein Herz für die Liebe öffnen kannst. Denn nur so kommen wir in diesen, energetisch gesehen, extremen Situationen weiter. Und wir sind nicht alleine. Jesus hat uns versprochen: *Wenn zwei oder mehr in meinem Namen zusammen sind, bin ich mitten unter euch.* So trete in Verbindung, entscheide Dich für Dein Leben, für die Liebe und Frieden. Fülle und Dankbarkeit werden Deine Begleiter sein.

Magst Du Deinen Verstorbenen Deine Liebe und Dankbarkeit schenken?

Magst Du Deine Trauer abgeben und Dich wieder voll und ganz spüren?

Entscheidest Du Dich alles anzunehmen was ist?

Erlaube Dir so zu sein, wie Du jetzt gerade bist: einzigartig.

_____

_____

_____

_____

_____

_____

_____

_____

_____

SCHENKE DICH SELBST – NICHT NUR WEIHNACHTEN

Mir war schon immer bewusst, welch ein Glückskind ich bin, dass ich in Freiheit geboren wurde und frei leben darf. Durch die vielen Kriege in der Welt weiß ich umso mehr zu schätzen, was es heißt, für mein gutes Leben dankbar zu sein. Ich liebe meine Heimat, ich liebe die Menschen hier, ich liebe die Natur und ich liebe unser Wetter. Ich liebe es, frei meine Meinung kundtun zu dürfen, ich liebe es, demonstrieren zu dürfen und auch rebellisch zu sein. Ich kann alleine nachts durch die Straßen gehen und brauche keine Angst zu haben, überfallen, verschleppt und misshandelt zu werden.

Wenn ich darüber nachdenke, brauche ich wahrhaftig keine Geschenke mehr, denn ich bin ja vom Leben so reichlich beschenkt. Doch wären diese Gedanken auch Weihnachten sinnvoll? Wäre es wirklich noch möglich, einen Schritt zurück zu gehen und nochmals den Sinn der Weihnacht zu entdecken? Weihnachten wahrhaftig als Fest der Liebe zu feiern?

Ich glaube, ja. Ich bin überzeugt, dass wir dies tun können, wenn wir uns dazu entscheiden.

Wie?

Ganz einfach: Schenke dich selbst!

Dazu musst Du Dir keine rote Schleife ins Haar binden und auch kein Lametta um die Hüfte wickeln. Entscheide Dich, so zu sein, wie Du bist. Verstelle Dich nicht, unterdrücke Deine Gefühle nicht und denke bitte auch nicht darüber nach, ob Du gerade gut oder erwünscht bist oder nicht, zeige Dich Deinen Mitmenschen in Deiner wundervollen Einzigartigkeit. Jeder Mensch ist ein Unikat, ein Diamant. Zugegeben, manche Seiten müssen noch geschliffen werden, aber was soll's, wir haben noch ein paar Jahre vor uns. Da soll es ja auch nicht langweilig werden, oder?

Also hab Mut und zeige Dich! Präsentiere Dein Funkeln, lass Dein Herz leuchten, bring allen Mut auf und sag Deiner Familie und Deinen Freunden, dass Du sie liebst. So lange Du lebst hast Du die Möglichkeit, Dich zu artikulieren. Wenn jemand von Deinen Lieben geht, wirst Du dankbar sein, wenn Du ihnen gesagt hast, wie sehr Du sie liebst und wie dankbar Du ihnen bist.

Viele schämen sich, haben Angst, dass das Gegenüber nicht damit umgehen kann, aber glaub mir, dein Gegenüber freut sich. Auch wenn er oder sie dies nicht unmittelbar zeigt: Alle Menschen freuen sich, wenn ihnen gesagt wird, dass sie liebenswert oder wir ihnen dankbar sind.

Erwarte nicht, dass sie es erwidern. Schenke Dich. Schenke Dein Herz, Deine Liebe, Deine Wärme und Dein Verständnis. Selbst wenn dein Vater oder Deine Mutter doof zu Dir waren – wir waren alle schon mal doof zu anderen – versuche dennoch, ihnen zu verzeihen. Wenn sie es besser gewusst hätten, dann hätten sie es sicherlich auch besser gemacht.

Uns passieren oft Fehler oder wir verletzen mit unseren Worten oder Taten andere Menschen. Verzeihe Dir selbst, dass Du es nicht besser hinbekommen hast. Wenn Du ganz mutig bist, dann mach es wieder gut. Hebe Dich über Dich selbst hinaus, gehe auf den anderen zu und sage ihm, wie wichtig er Dir ist. Gib Dich hin … Das nennt man Liebe.

Zu Geben ist eines der größten Geschenke, die Du im Leben haben kannst, und es macht glücklich. Wenn Du gibst, fühlst Du Deine eigene Bedeutung. Du fühlst Dich lebendig. Beim Geben erkennst Du, wie großartig und wundervoll Du bist und spürst, was schon immer in Dir war. Und: Geben ist wahrhaft Empfangen.

Sei Dir bewusst: In dem Ausmaß, in dem Du gibst, bist Du auch bereit zu empfangen. Bist Du bereit, genau die Gabe oder das Gefühl zu empfangen, das Du selber gibst? Ein anderer mag Dir bereitwillig seine ganze Liebe schenken, aber wenn Du nicht

gibst, wirst Du nicht offen genug sein, das anzunehmen, was er Dir gibt. Das erklärt, warum manche
Menschen Deine Liebe nicht so an- und aufnehmen
können, wie Du es Dir vielleicht wünschen würdest.
Sie haben es noch nicht gelernt. Daher sei ihr Vor-
bild. Schenke Dich, liebe sie und gib alles, was Du
von ganzem Herzen geben kannst.

Das ist das schönste Geschenk, das Du Dir selbst
und Deinen Lieben machen kannst – nicht nur Weihnachten.

DER KLEINE INNERE SABOTEUR

Kennst du das von Dir, dass Du manchmal mit Dir selbst redest und das Gefühl hast, jemand anders redet mit dir? Das nennt man die *innere Stimme* oder auch den *Kern Deines Seins*, der mit Dir kommuniziert. So hörst Du innerlich, *nimm lieber diesen Weg* oder *iss lieber mal kein Eis* oder *zieh das blaue Hemd an* oder *ruf Deine Freundin an*.

Genauso erging es mir. Ich wurde eines Morgens wach und hörte meine innere Stimme: *Silvie, bald wird sich eine neue Tür für Dich öffnen. In der Zwischenzeit solltest Du Dir keine Sorgen darüber machen, was als Nächstes ansteht. Wenn die Tür sich öffnet, wirst Du wissen, dass es die richtige für Dich ist*. Dieser Satz gab mir Flügel. Engelsgleich flatterte ich an diesem Morgen mit meinem Rad in die Praxis. Dort angekommen musste ich herzhaft über ein Zitat aus dem Buch *Ein Kurs in Wundern* grinsen, denn ich las: *Bei Wundern gibt es keine Rangfolge des Schwierigkeitsgrades ...*

Ja, es fügte sich mal wieder alles. Meine Gedanken, die ich mir vorher um den Ablauf einer Arbeit gemacht hatte, waren umsonst gewesen. Doch so ist das im Leben: Gott stellt uns alles zur Verfügung, wir sehen nur manchmal das Gute nicht, weil wir gedanklich an etwas festhalten, was uns nicht guttut. Doch es sind *nur* unsere inneren Überzeugungen und genauso gut könnten wir auch eine andere Überzeugung haben und uns für Frieden, Liebe und Leichtigkeit entscheiden.

Doch warum tun wir es so oft nicht? Haben wir alle so einen kleinen Saboteur in uns? Ich denke ja, und wenn wir ihn fragen, wie er heißt, so wird er uns antworten: *Angst*. Wie Gerald Jampolsky in seinem Buch: *Lieben heißt, die Angst verlieren* so wahr schreibt: *Wir tragen die Fähigkeit zum Glücklichsein in uns. Wir müssen nur erkennen, dass wir immer die Wahl haben, zwischen Frieden und Konflikt, zwischen den beiden Grundgefühlen Liebe und Angst.*

Ein wundervoller Lehrer von mir lehrt in seinen Kursen, dass unsere erste Lebensaufgabe das *Glücklichsein* ist. Er fragt die Teilnehmer, wie glücklich sie sind. Und ist jemand nicht glücklich, dann sagt er: *Deine zweite Lebensaufgabe ist es, für Deine Heilung zu sorgen, damit Du glücklich bist.*

Aus der Praxis weiß ich, dass viele unserer Blockaden und Krankheiten von der Angst herrühren. Die Angst blockiert unsere Lebensenergie, schwächt unsere Nieren, das Herz und unsere Lungen, dadurch fühlen wir uns nicht gesund und nicht glücklich.

Wir alle haben es in der Hand, für unsere Heilung zu sorgen und die Angst loszulassen. In meinen Kursen biete ich meinen Seminarteilnehmern die folgende Übung an:

Nimm Deine Angst wahr, die Dich daran hindert, erfolgreich, gesund, glücklich oder liebenswert zu sein. Suche den Platz in Deinem Körper, wo dieses ungute Gefühl wohnt, wo es zu Hause ist. Erlaube dieser Angst, da zu sein. Begrüße sie in Deinem Körper. Lege Deine Hand auf die Stelle an Deinem Körper, wo Deine Angst zu Hause ist. Sag ihr, dass Du sie wahrnimmst, dass Du sie nicht mehr verleugnest und dass sie da sein darf. Dann lade sie ein, dass sie mit in Dein Herz kommen darf. Stell Dir vor Deinem inneren Auge vor, dass Du eine gemütliche Eckbank in Deinem Herzen hast. Die Liebe, die dort zu Hause ist, hat einen wunderbaren Kaffee oder Tee vorbereitet. Nun darf die Angst sich auf die Eckbank setzen und mit der Liebe eine Tasse Kaffee trinken, darf sich mitteilen, wie sie, die Angst, entstanden ist und welche Beweggründe sie antreiben.

Was glaubst Du was geschieht?
Die Angst löst sich auf. Wenn die Angst spürt, dass sie da sein darf, dass sie geliebt wird, dass sie zu Deinem Leben gehört, dann wendet sie sich nicht mehr gegen Dich, sondern sie arbeitet für Dich.

Manchmal kann Angst uns auch den nötigen Antrieb verschaffen, dass wir endlich aktiv werden. Und letztendlich siegt immer die Liebe.

Insofern vertraue darauf, dass sich auch hier das Wunder der Liebe offenbaren wird und sage Deinem kleinen inneren Saboteur, dass Du ihn nicht mehr brauchst, dass Du Dich für ein Leben voller Liebe, Leichtigkeit und Glück entschieden hast.

Jesus hat es uns vorgelebt, dass wir keine Angst zu haben brauchen. Und wenn die Angst dann doch mal kommt, können wir, genauso wie er es tat, den Himmel um Hilfe bitten. Und wie uns versprochen wurde, bleibt keine Bitte, die von ganzem Herzen gesprochen wird, unerfüllt.

STILLE

Der Winter hat für mich immer seine eigene Qualität, denn er bringt den Jahreszyklus zu Ende und es kann etwas Neues entstehen.

Manche Menschen entwickeln Ängste und Depressionen in der dunklen Jahreszeit, ich erhelle sie mir gerne durch Kerzen und Kaminfeuer, durch Tee und Zeit für mich alleine.

Schon als Kind liebte ich den Schnee über alles. Ich saß am Fenster und drückte mir die Nase an der Scheibe platt. Ich liebte diese zarten kleinen Flocken, die sofort in meiner Hand dahinschmolzen. Diese Liebe zum Winter und zum Schnee konnte ich mir auch als Erwachsene erhalten. Wenn der Winter sein weißes Tuch über die Welt spannt und jeder Schritt vom Schnee gedämpft wird, empfangen wir einen ganz besonderen Gast: die Stille. Wir lauschen ihr beim Spaziergang im Wald, nehmen unseren Atem wahr und den Schlag unseres Herzens. Still sein, für einen Moment das Nachdenken aufgeben, nicht ablenken lassen, nichts erledigen wollen, keinem Impuls folgen, sondern einfach nur sein.

Fühlt sich das nicht wundervoll an?

Möchtest du es einmal ausprobieren?

Möchtest du einfach mal still sein?

Jedes Jahr im Advent kommen die Hochrechnungen und Prognosen, ob es wohl *weiße Weihnachten* gibt. Warum wünschen wir uns das so sehr? Ich glaube, es hängt mit unserer Kindheit zusammen, in der wir oft noch weiße Weihnachten und Schnee zum Schlittenfahren hatten. Es ist eine tiefe Sehnsucht in unseren Herzen. Wenn der Schnee die Tannen bedeckt und Dächer und Straßen weiß verschneit sind, dann sieht alles einfach viel friedlicher aus. Und wo Frieden ist, da ist Ruhe. Wo Ruhe ist, ist Stille und wir können einfach nur sein.

So möchte ich Dich einladen: Erinnere Dich und atme, wenn die Hektik Dich zu ersticken droht, und gehe für einen Moment in die Stille – finde Deinen Ort des Friedens in Dir.

Doch Stille gibt es nicht nur im Winter. Es ist wichtig, einen Ort zu finden, an dem Du das ganze Jahr über in der Stille einfach nur sein kannst. Ein wunderbarer Ort der Stille ist auch ein Ashram oder ein Kloster bei uns in Deutschland.

Du kannst täglich ein paar Minuten *Stille üben*, indem Du Dich entscheidest, das Radio oder den Fernseher einfach mal für zehn Minuten aus zu lassen und die damit entstehende Stille zu genießen. Je weiter Du Dich in Deinem Bewusstsein entwickelst, umso mehr suchst Du die Stille und umso mehr kannst Du sie genießen.

Oder gehe einfach in Deinen Garten oder in den Wald, setz Dich hin und höre der Natur zu. Wenn Du es dann noch schaffst, den Plappergeist in Deinem Kopf auszuschalten, dann wird es wahrhaftig still.

Am Anfang ist das schwierig, weil einem gerade dann die besten Ideen kommen, doch mit der Zeit gewöhnst Du Dich daran und kannst Dich selbst beobachten und fragen, von wo der nächste Gedanke kommt.

Wenn Du spürst, dass Du nicht zur Ruhe kommst, konzentriere Dich einfach auf Deinen Atem. Atme ruhig und tief ein, atme aus und wieder ein und aus. Wenn Gedanken kommen, lass sie einfach davonziehen, wie die Wolken am Himmel, und dann atme weiter. Es gibt sonst nichts zu tun, als da zu sein und zu atmen. Wenn du das eine Weile getan hast, fühlst du, wie entspannt es sich anfühlt, still zu sein.

Je mehr Du Deine Spiritualität entwickelst, je mehr Bewusstsein Du erlangst, um so mehr sehnst Du Dich nach Ruhe. Irgendwann werden Fernseher und Radio bedeutungslos für Dich, da Du Dich nach der Stille sehnst.

Ich wünsche Dir ganz viel Freude im stillen Sein.

WEIHNACHTEN UNTER GIRAFFEN

Diese Geschichte schrieb mein Mann, Jörg Wendang, nach seiner GFK Trainerausbildung und schenkte sie mir. Da sie so berührend ist, möchte ich sie gerne mit Dir teilen.

Vor einiger Zeit traf ich auf einer meiner Reisen einen weisen alten Mann. Es war die Zeit kurz vor Weihnachten und wir kamen ins Gespräch, unterhielten uns über das bevorstehende Weihnachtsfest und seine Bedeutung.

»Weihnachten«, sagte er mit strahlenden Augen, »ist das Fest der Liebe. Es ist die Zeit der Besinnung, die Zeit der duftenden Plätzchen und der Strohsterne. Es ist die Zeit der Vorfreude, der Ruhe, der inneren Einkehr, der Verbundenheit und des friedvollen Miteinanders«.

»Ist das wirklich so?«, fragte ich ihn. Meine eigenen Erfahrungen mit dem Weihnachtsfest deckten sich leider nicht mit diesen schönen Bildern. Sie waren eher geprägt von Hektik, Zeitnot, Kaufstress. Von hohen Erwartungen, unerfüllten Sehnsüchten, eskalierenden Streitigkeiten innerhalb der Familie und der Enttäuschung über ein weiteres missglücktes *Fest der Liebe* und dem daraus resultierenden Gefühl der Einsamkeit und Leere.

Während ich ihm davon erzählte, sah er mich lange an – mit Augen, so klar wie der Winterhimmel über unseren Köpfen – gleichzeitig nachdenklich und freundlich. Er fragte mich, ob ich gerne die Geschichte von der Giraffendame Cordula Herz-Licht hören wolle.

»Ja, sehr gerne«, antwortete ich und lehnte mich voller Vorfreude auf seine Geschichte zurück.

»In einem fernen Land«, begann er …

… vor langer, langer Zeit, lebte Frau Cordula Herz-Licht, ihres Zeichens Giraffe, Ehefrau, Mutter, Tochter, Hausfrau, intuitive Gefühlsdetektivin, Multitasking- und Improvisationsgenie. Sie beherrschte neben vielen anderen Dingen auch die Kunst der wertschätzenden und liebevollen Kommunikation. Das war wirklich von Vorteil für sie, denn in dem Land, in dem Cordula lebte, traf man nicht nur auf die freundliche Gattung der Giraffen, sondern auch auf die Spezies der Wölfe. Der Umgang mit ihnen war schwierig und manchmal auch gefährlich. Diese Wölfe, musst du wissen, waren ziemlich angriffslustige Wesen. Wenn du einem von ihnen begegnetest, dauerte es nicht lange und der Wolf begann dich systematisch zu attackieren. Es geschah ganz ohne ersichtlichen Grund, ohne dass du ihm einen konkreten Anlass gegeben hättest. Es schien als sei es ihr

Ziel dich zu schwächen, indem sie dir immer wieder Verletzungen und Blessuren mit Handlungen, Worten und Gesten zufügten. Ganz besonders geschickt waren sie darin andere zu verurteilen und einen Schuldigen zu finden, wenn es darum ging jemandem die Verantwortung für alle möglichen Dinge in die Schuhe zu schieben. Viele haben sich gefragt, warum die Wölfe das wohl taten? So auch Frau Cordula. Sie hatte viel darüber nachgedacht und war sich ziemlich sicher, dass die Wölfe so angriffig waren, weil ihr eigenes Herz so verschlossen war. So verschlossen, dass sie sogar für sich selbst keine Liebe empfinden konnten und sich deshalb innerlich ganz klein, unsicher und schwach fühlten. Ihre größte Angst schien es zu sein, dass jemand eines Tages entdecken könnten, wie klein sie sich in ihrem Innersten fühlten. Das wäre furchtbar! Entsetzlich! Das durfte nicht geschehen! Niemals! Deshalb war es so wichtig für sie, nach außen hin den Anschein zu erwecken, dass sie stets ganz stark und unverwundbar seien. Und da Angriff bekanntlich die beste Verteidigung ist, griffen die Wölfe die anderen Wesen immer und immer wieder ohne Unterlass an. Sie verurteilten das, was den anderen Freude machte, sie machten sich lustig über die Dinge die anderen wichtig waren, sie machten all das schlecht und klein, was die anderen hätte stark machen können.

Das schien, so schloss Frau Cordula messerscharf zwei Gründe zu haben: Erstens konnte sich ein Wolf trotz des Wissens um seine eigene Schwäche und Unsicherheit den anderen gegenüber immer noch überlegen fühlen, wenn er sie entsprechend schwächte und klein machte. Zweitens käme jemand, der so sehr mit der eigenen Verteidigung beschäftigt ist, gar nicht erst auf die Idee sich damit zu beschäftigen, wie es in den Herzen des Wolfes wirklich aussah…

Und damit lag Frau Cordula, als intuitive Gefühlsdetektivin, die sie war, ganz richtig. Es war wirklich so: Die Wölfe hatten eine riesige Angst davor, dass jemand ihre eigene Schwäche und Angst entdecken könnte. Das wäre furchtbar! Entsetzlich! Das durfte nicht geschehen! Niemals!

Im Gegensatz dazu, war die Begegnung mit einer Giraffe, wie Frau Cordula, ein wirklich schönes und erbauliches Erlebnis. Die Giraffen hatten von Natur aus das größte Herz aller Landtiere und dazu ein offenes, wertschätzendes und liebevolles Wesen. Sie begegneten ihrem Gegenüber – wenn auch nicht physisch, so jedoch stets gedanklich – auf Augenhöhe. Es war nicht selten, dass du in einem Gespräch mit einer Giraffe plötzlich merktest, wie gut es dir ging und wie dein Herz sich öffnete. Das lag daran, dass eine Giraffe dir das Gefühl schenken konnte, liebenswert und vollkommen richtig zu sein. Deshalb freuten sich auch alle Wesen, wenn sie wieder einmal einer Giraffe begegneten und mit ihr ins Gespräch kamen. Sie mussten sich nicht verteidigen, fühlten sich nicht klein und falsch und es war auch nicht so anstrengend und stressig, wie die Begegnung mit einem angriffigen Wolf. Im Gegenteil. Irgendwie hatte man bei einer Giraffe das Gefühl, als würde sich ein Raum öffnen, der ganz viel Platz für Leichtigkeit, Vertrauen, Nähe, Harmonie, Wertschätzung und Liebe bot. Solche Begegnungen waren wie ein Herzensgeschenk der Liebe.

Neben ihrem großen Herzen hatte Frau Cordula außerdem – wie es sich für eine ordentliche Giraffe gehörte - zwei große Giraffenohren. Mit ihnen konnte sie besonders gut hören. Als sie noch jünger war, war sie der festen Überzeugung, es sei wichtig, ihre Ohren immer nach außen zu richten, um zu verstehen, wie es ihren Mitmenschen geht. So konnte sie ihnen mit ihrem großen Herzen helfend zur Seite stehen und sie unterstützen. Das gab ihr jedes Mal ein gutes Gefühl. Mit der Zeit machte sie jedoch die Entdeckung, dass es für ihr eigenes Wohlbefinden noch viel wichtiger war, zuerst einmal nach innen zu hören und zu verstehen, was sie selbst brauchte um sich gut und stark zu fühlen. Anfangs irritierte sie das ein wenig, denn es war ganz neu für sie. Doch gleichzeitig war es für sie eine ganz besonders erfüllende Erfahrung zu erkennen, wie gut es sich anfühlte, für sich selbst zu sorgen. Hin und wieder hatte sie ein schlechtes Gewissen und fragte sich ob sie die anderen dadurch nicht vernachlässigen würde. Ob es vielleicht nicht sogar ganz schön egoistisch sei, so zu handeln? Doch dann sagte sie sich, dass das wundervolle Gefühl, das sie jedes Mal hatte, wenn sie für sich sorgte, unmöglich falsch sein konnte! So kam Frau Cordula zu dem Schluss, dass es richtig und wichtig sei, zuerst für sich selbst zu sorgen und dadurch ihr Leben aus ihrer Mitte und aus ihrer Kraft heraus, frei gestalten zu können. Danach konnte sie dann um so präsenter und liebevoller für die anderen da sein. Das gab ihr ein gutes Gefühl und ihr Herz wurde ganz warm und weit.

Nun ist es ja so, und das wussten schon damals alle Giraffen weit und breit, dass wir uns unsere Familie und unser Umfeld selbst ausgesucht haben! Und neben vielen liebenswerten Giraffen finden wir ganz sicher auch eine größere Anzahl ausgewachsener Wölfe dort. Angriffige und bissige Wölfe. Frau Cordula ist sich sicher, dass dies so ist, weil wir uns vorgenommen haben, auch in diesem Leben wieder zu lernen, zu lernen und nochmal zu lernen und an unseren Aufgaben und Mitmenschen (ob Giraffe oder Wolf) zu wachsen. So ist die Zeit vor und während der Weihnachtsfesttage jedes Jahr aufs Neue ein wundervolles Übungsfeld für uns.

»Und nun, mein lieber Freund, ist es wieder soweit«, sagte der alte Mann und lächelte mich verschmitzt an. »Weihnachten, das Fest der Liebe und unser wundervolles Übungsfeld stehen wieder vor der Tür.«

Nun frage ich dich: »Wie möchtest du das Fest der Liebe, dieses Jahr erleben? Wie bisher als große Enttäuschung mit einem Gefühl der Leere und Einsamkeit im Herzen oder als Fest der Liebe, der Harmonie, der Nähe und Gemeinschaft? Möchtest du das Fest als Wolf oder als Giraffe erleben?«

Ich dachte darüber nach, was der alte Mann mir erzählt hatte. *Wenn ich mich entscheide so zu sein, wie ein Wolf, erscheine ich nach außen hin stark und unbesiegbar. Das ist gut! Nach innen fühle ich mich aber vielleicht unglücklich, einsam und leer. Das ist nicht so gut!*
Wenn ich mich entscheide so zu sein, wie eine Giraffe, bin ich nach außen offen und freundlich. Das ist gut! Aber gleichzeitig bin ich dadurch unge-

schützt und verletzlich, oder? Das wiederum wäre nicht so gut!

»Hmmm, das ist gar keine so leichte Entscheidung«, antwortete ich dem alten Mann. »Ich wünschte ich könnte Frau Cordula fragen, ob sie mir vielleicht ein paar nützliche Tipps geben kann?«

Das runzlige, faltige Gesicht des alten Mannes verzog sich zu einem heiteren Lächeln, als er mir antwortete: »Ich glaube, ich kann dir genau sagen, was dir Frau Cordula antworten würde. Sie würde dir in ihrer typisch pragmatischen Art antworten: *Du möchtest schöne Feiertage erleben? Feiertage die erfüllend, harmonisch und friedvoll sind? Dann mach es so wie ich und sorge stets gut für dich. Du fragst dich wie das geht? Na das ist ganz einfach!*

Punkt 1: *Ich richte meine feinen Ohren von außen nach innen und lausche auf mein Herz.* Punkt 2: *Ich frage mein Herz, was es gerade braucht um sich gut zu fühlen – und höre dabei gut zu.* Punkt 3: *Ich sorge dafür, dass mein Herz bekommt, was es braucht. Verstanden? Gut! ... Danach tue ich das gleiche für die Anderen. Ich höre hin, frage sie was sie brauchen um sich wohl zu fühlen und sorge dafür, dass sie es bekommen – vorausgesetzt es liegt in meiner Macht und ich kann es ermöglichen. Das war's schon. So einfach ist mein Rezept für ein frohes und erfülltes Weihnachtsfest. Noch Fragen?«*

Ich war ein bisschen überrumpelt von dieser forschen Antwort und musste meine Gedanken erst einmal sortieren, was nicht so einfach war. Da tauchten ganz viele *Abers* und noch mehr Fragen auf, die plötzlich von rechts und links in meinen Kopf herumschossen. Der alte weise Mann erkannte meine Verwirrung und fuhr fort. »Ich möchte dir ein Beispiel geben, damit du es besser verstehst. Wenn mir zum Beispiel der Vorweihnachtsstress zu viel wird, du weißt schon, Geschenke kaufen, Geschenke einpacken, Geschenk Karten aussuchen, Geschenk Karten schreiben, Weihnachtsfeiern im Büro, Weihnachtsfeiern im Verein, Klamotten kaufen, und, und, und… dann halte ich kurz inne und frage mein Herz: *Mein liebes Herz, du fühlst dich ganz unruhig an. Wird dir das alles zu viel? Bist du gestresst? Was kann ich dir geben, dass es dir wieder besser geht? Und wenn mein Herz dann zustimmend nickt, frage ich es: Brauchst du vielleicht etwas Ruhe und Entspannung? Eine Pause?* Und wenn es das braucht, lege ich eine Pause ein, lege die Arbeit zur Seite und gönne mir eine duftende Genießer-Tasse Tee oder einen leckeren Kaffee, lese ein Buch, höre Musik, schaue einen Film an, telefoniere mit einem lieben Freund, … und schon bekommt mein Herz, das wonach es sich sehnt. Ruhe und Entspannung anstatt Anspannung, Stress und Erschöpfung. Du musst wissen: *Das, was meinem Herzen guttut, das tut auch mir gut.* Wie klingt das für dich? Meinst du das kannst du auch?

»Na ja«, dachte ich, »so schwer hört sich das gar nicht an.«

Er fuhr fort: »Oder manchmal, wenn mir alles zu viel wird und nichts so klappt, wie ich es mir vorgenommen habe, geht es mir nicht gut und ich bin total genervt. Am liebsten würde ich dann alle Welt auf den Mond schießen. Das ist dann der passende Augenblick innezuhalten und mein Herz zu fragen: *Mein liebes Herz, was brauchst du? Was kann ich dir Gutes tun?* Und falls es etwas Trost und Anteilnahme braucht, oder einfach nur gehört werden will in seinem Frust und seiner Verzweiflung, weil nichts so geht wie es gehen soll, rufe ich meine Frau oder einen lieben Freund an, um mit ihnen darüber zu reden. Ihnen kann ich alles mitteilen, was mir auf der Seele liegt und danach fühle ich mich wieder gut. Das gibt mir neuen Mut und neue Kraft und ich kann weitermachen.

Und wenn ich dann wieder in meiner Mitte und in Kraft angekommen bin, wirft mich selbst ein frecher, angriffslustiger Wolf, der am Weihnachtsabend des Weges kommt, mich anknurrt, zwickt und zu einem kleinen Kriegstänzchen auffordern möchte, nicht aus der Bahn. Auch hier frage ich mein Herz: *Mein liebes Herz, was dieser freche, angriffige Wolf wohl vermisst, dass er mich so anknurren muss? Was meinst du, braucht er vielleicht ein wenig Zuwendung von mir, damit er sich nicht so einsam fühlt und sich die Aufmerksamkeit nicht durch Knurren und Beißen sichern muss? Oder wie wäre es, wenn wir ihm zeigen, dass wir ihn von Herzen gernhaben, genau so wie er ist und dass er sich nicht hinter seinen Attacken verstecken muss?* Wie so oft, kennt mein Herz bereits die Lösung und mit seiner Hilfe, wird aus dem angriffslustigen Wolf ganz oft ein schnurrendes zahmes Wölfchen – und aus dem Kriegstanz wird ein Walzer zu zweit. Denn gerade Wölfe fühlen sich an Weihnachten, am Fest der Liebe oft sehr einsam und traurig. Und dann gebe ich ihnen, wonach sie sich am meisten sehnen: Eine liebevolle Umarmung. Denn das Gefühl von Nähe und Wärme kann kleine Wunder bewirken.«

Schon Frau Cordula pflegte stets zu sagen: »Diejenigen, die am lautesten Knurren und am heftigsten Beißen, brauchen unsere Liebe und Hilfe am allermeisten.«

»Also, du hast bestimmt erkannt«, sagte der weise Alte und sah mir dabei mit einem schelmischen Lächeln auf seinen runzligen Lippen tief in die Augen, »falls auch du, mein lieber Freund, ein wunderschönes, harmonisches und friedvolles Fest der Liebe erleben möchtest, solltest du es genauso machen wie unsere Giraffendame Cordula Herz-Licht. Sie hört mit ihren großen Giraffenohren stets zuerst nach innen, um zu erfahren, was ihr liebes Herz braucht. Sie sorgt für sich. Das tut ihr gut und bringt sie in ihre Kraft. Und wenn es ihr gut geht, richtet Sie die Ohren nach außen und fragt ihr Herz, was sie ihren Lieben geben kann. Genau so funktioniert es. Ganz leicht und zuverlässig. Immer und überall. Du solltest es einmal selbst ausprobieren.«

Da ich noch immer nicht ganz sicher war, alles genau verstanden zu haben. Fragte ich ihn: »Das ist es? Das ist das große Geheimnis eines wundervollen Weihnachtsfestes?«

»Ja, das ist es!«, sagte er und zwinkerte mir zu. »Alle großen Dinge sind im Grunde genommen ganz einfach. Probiere es aus. Es wird dir viel Freude bereiten, mit deinem Herzen zu reden. Höre in dich hinein, öffne dein Herz und gib ihm, was es braucht. Und dann machst du das gleiche mit den anderen. Punktum!«

Sprach's und verschwand in einer glitzernden Wolke aus Sternenstaub, so wie es die alten weisen Männer seit Urzeiten zu tun pflegen, wenn sie ihre

Geschichten zu Ende erzählt haben – ganz so, als wären sie nie da gewesen …

In diesem Sinne wünsche ich euch allen ein aufregend schönes, lebendiges, harmonisches und friedvolles *Weihnachten unter Giraffen.*

WAS DEINEM HERZEN DIENT

Während eines Urlaubs auf der Insel der Götter, Bali, erlebte ich einen großen heilenden Transformationsprozess und seitdem spüre ich noch mehr, was für mich passt und was sich nicht mehr gut, sicher oder wahr anfühlt.

Mir ist es wichtig, ein echtes, authentisches und lebendiges Leben führen zu können und mich nicht zu verbiegen, anzustrengen, es mir schwer oder mir ständig Sorgen zu machen. Das hat in meinen Augen keine Lebensqualität. Ich möchte mein Leben mit all seinen Facetten leben und nicht das, was andere Menschen von mir erwarten.

Kennst Du diese Situationen? Du tust Dinge, obwohl Du sie gar nicht tun möchtest, doch Dein Verstand sagt Dir: *Tu es! Steh drüber, mach einfach. Um des lieben Friedens willen, komm doch bitte mit. Der Tag mit den Schwiegereltern geht auch wieder vorbei ...* Und Du folgst, verbiegst Dich und es geht Dir nicht gut.

Nach diesem Urlaub hinterfragte ich sehr viel. Situationen, Beziehungen oder Umstände, die ich einfach hingenommen hatte, überprüfte ich mit meinem Herzen und nicht mit dem Verstand.

Die Frage, die mich bei diesem Entwicklungsschritt begleitete, lautet: *Wie würde die Liebe sich jetzt entscheiden?*

Wie die Blätter im Herbst von den Bäumen fallen, der Wind manchmal nachhilft und das Loslassen unterstützt, damit alles was alt und welk ist und vielleicht einfach nicht mehr dient, gehen kann, so darf auch in unserem Leben Neues kommen und wir dürfen Altes, das unserem Herzen nicht mehr dient, loslassen. Ich weiß sehr wohl, dass man dafür sehr viel Mut braucht, doch man braucht noch viel mehr Selbstliebe, um seine eigene Wahrheit leben zu können.

Mein Leben zu leben, meine eigene Wahrheit zu leben, mich aus alten Konventionen zu lösen, fühlt sich manchmal ganz schön fremd und noch sehr neu an. Andererseits spüre ich eine tiefe Vorfreude auf mein neues Sein. Neue Ideen machen sich in mir breit. Mein Herz hat Flügel bekommen und es fühlt sich leicht an.

Eine liebe Bekannte sah den Adler als Krafttier bei mir sitzen und sagte mir das. Ich musste lächeln und dankte im Geiste, denn der Adler steht für Klarheit, Wahrheit und Wagemut. Der majestätische Flug des Adlers erlaubt eine Vogelperspektive. Wenn der Adler uns als Krafttier erscheint,

sind wir aufgefordert, einmal einen ganz unge-
wohnten Blick auf verschiedene Aspekte unseres
Lebens zu werfen. Wenn wir also unser Bewusstsein für unsere Krafttiere öffnen, erkennen wir
plötzlich auch Lösungen für bestimmte Fragestel-
lungen, die uns auf unbewusster Ebene schon eine
ganze Weile beschäftigt haben.

Daher frage Dich einfach mal in einer stillen Stunde,
was Du in diesem Jahr loslassen willst. Was möchtest Du ändern oder in welchen Situationen möchtest
Du vielleicht einfach mal anders reagieren?

Beginne doch mit kleinen Dingen, sodass Du auch
Erfolgserlebnisse hast. Und wenn es mit den kleinen
Dingen funktioniert und Du Dich sicherer fühlst,
dann beginne mit den mittelschweren Dingen. So
lange, bis Du das Gefühl hast: *Ja, jetzt fühle ich mich
wieder lebendig, jetzt fühle ich mich echt.*

Lasse die anderen Menschen reden, sie haben immer
geredet und sie werden immer reden. Du kannst sie
nicht kontrollieren. Sie werden meckern, wenn Du
nicht so bist, wie sie Dich haben wollen. Doch wem
gehört dein Leben? Dir selbst oder den anderen?

Die Frage *Wie würde die Liebe jetzt entscheiden?* o-
der *Was würde mein Herz jetzt tun?* hilft Dir, wenn
Du nach Antworten oder nach für Dich stimmigen
Lösungen suchst.

Bitte achte auf Dein Bauchgefühl, achte auf Dein Herz und achte auf Deine Wünsche und Bedürfnisse. Und dann übe. Werde immer mehr zu der Person, die Du sein möchtest. Ermächtige Dich, die Wahrheit Deines Herzens leben zu dürfen.

_____

_____

_____

_____

_____

_____

_____

_____

_____

INNIG VERSCHMOLZEN

Vor einer gefühlten Ewigkeit war der Inbegriff einer wundervollen Liebe für mich die absolute Verschmelzung, das Einssein mit meinem Partner. Ich wollte genau das leben, wollte alles mit ihm teilen, wollte keine Grenzen zwischen uns und alles sollte traute Zweisamkeit sein.

Doch es funktionierte nicht. Je mehr ich die Verschmelzung und die Nähe wollte, umso mehr ging mein Partner auf Abstand. Es war eine sehr schmerzhafte Erfahrung, doch sie brachte mich auf einen wundervollen Weg:

Ich landete voller Dankbarkeit bei Jeff Allen in England. Durch ihn und seine Frau sowie seine Kollegin Julie Wookey habe ich so viel lernen und so viel heilen dürfen.

Dies möchte ich gerne hier mit Dir teilen.

Fragt man Liebende, so sehnen sie sich nach der totalen Verschmelzung. Hinterfragt man das jedoch, so kommt heraus, dass sie sich auf ein Einssein mit dem anderen freuen.

Doch kann ich eins sein mit meinem Partner, ohne mich zu verlieren?

Machen wir uns doch gemeinsam auf den Weg und schauen uns die Verschmelzung an.

Woran erkenne ich eine Verschmelzung?

Du spürst es am einfachsten, wenn Du auf die Launen, die Stimmungslagen Deines Partners oder Deiner Eltern reagierst. Wenn Du Dich nur gut fühlst, wenn sie oder er sich auch gut fühlen bzw. wenn Du spürst, dass Du Dich selbst wieder verleugnet oder verloren hast, dann dürfte es sich um eine Verschmelzung handeln.

Nehmen wir zum Beispiel die Geburtstagsfeier Deiner besten Freundin. Du gehst mit Deinem Partner zu dieser Feier und freust Dich darauf, alte Freunde zu sehen, gut zu essen und zu tanzen. Kurz nach dem Essen verzieht Dein Partner das Gesicht, weil er sich langweilt, und deutet Dir an, er möchte schnellstmöglich nach Hause. Bist Du in einer Verschmelzung, fährst Du mit ihm nach Hause und ärgerst Dich über Dich und über ihn. Bleibst Du Dir aber selbst treu, entlässt Du Deinen Partner mit einem liebevollen aufmunternden Lächeln und kommst später alleine nach. So hast Du gut für Dich gesorgt.

Du merkst es auch, wenn Deine Eltern Dir etwas sagen, dass Dich in Windeseile auf die Palme bringt. Auch dann bist Du noch in einer Verschmelzung gefangen.

Der Differenzierungsprozess ist ein langer Weg. Es geht wirklich darum, seine eigenen Grenzen wahrzunehmen, sich selbst zu erfahren, sich selbst kennenzulernen und sich selbst lieben zu lernen. Manchmal dauert es ein ganzes Leben, manchmal macht es aber auch dermaßen schnell *Klick*, dass man genau weiß: *Hoppla, ich bin hier verschmolzen.* Es geht darum, das Bewusstsein für sich und die Situationen zu entwickeln.

Der erste Schritt ist hier der Wichtigste. Und der erste Schritt ist die *Entscheidung*. Entscheide Dich, den Weg zu gehen und die Verschmelzung auflösen zu wollen. Viele Klienten fragen nach dem *Wie*. Ich kann Dich da beruhigen: Sobald Du Dich entschieden hast, wird sich das *Wie* auf wunderbare Weise ergeben.

Mein wundervoller Lehrer, Jeff Allen, hat uns in vielen Seminaren immer wieder erklärt, dass Fusion, wie er die Verschmelzung nennt, und Aufopferung Hand in Hand gehen. Wir schlittern in die Fusion nur dann hinein, wenn wir uns selbst nicht ausreichend lieben und wir unsere Grenzen nicht setzen oder nicht wahren können.

Viele Menschen in unserem Kulturkreis wurden so erzogen, dass sie sich zuerst einmal um das Wohl der anderen kümmern, erst danach um sich selbst. So entstand die *Aufopferung*. Nur wenigen Menschen wurde von klein auf beigebracht, sich selbst wertzuschätzen und sich selbst zu lieben. Dies galt als egoistisch. Doch wenn man mal die Bibel und hier insbesondere die Zehn Gebote liest, dann steht da: *Du sollst Deinen Nächsten lieben, wie Dich selbst.* Das heißt, in dem Maße wie Du Dich selbst liebst, kannst Du auch andere lieben.

Ich hatte letztens ein wunderbares Paar zur Paarberatung bei mir. Als ich sie fragte, wie sehr sie sich selbst lieben würden, antwortete die Frau: »Hm, ich denke, ich liebe mich zu zwanzig Prozent.« Und der Mann meinte: »Also meine Frau liebt sich mehr, sie ist achtsamer als ich, so glaube ich, dass ich mich zu fünfzehn Prozent liebe, wenn überhaupt.« Ich erklärte ihnen, dass sie dann auch ihren Partner nur zu 15 bzw. 20 Prozent lieben könnten. Das war für sie ein absolutes Highlight. Beide dachten, sie würden zu 100 Prozent lieben, doch wie sollte das gehen?

Ohne Fusion/Verschmelzung kannst Du in einer Beziehung sein und dennoch Dein eigenes Leben leben. Du bist frei und kannst tun, was Du möchtest, dennoch bist Du tief mit Deinem Partner verbunden. Dein Partner unterstützt Dich, wenn Du es möchtest, und Du ihn, wenn er Dich braucht. Jeder von beiden spürt die Herzensverbindung und fühlt sich sicher und geborgen. Die Liebe fließt freiwillig und jeder ist frei. Das heißt nicht, dass jeder machen kann, was er will oder sexuelle Kontakte hat, mit wem er will. Es bedeutet, dass jeder offen ist, aufrichtig und ehrlich kommuniziert, seine Bedürfnisse dem Partner mitteilt und das Paar gemeinsam Prinzipien erstellt, nach denen sie leben wollen. Doch es wird berücksichtig, dass es jedem gut geht. Jeder ist sich seiner eigenen Verantwortung bewusst und jeder sorgt gut für sich selbst.

Wie schaffen wir es nun, mit der Verschmelzung und der Aufopferung aufzuhören?
Der Weg aus der Fusion/Verschmelzung und Aufopferung besteht darin, uns bewusst zu werden, welche Muster hier wirken oder wie wir agieren und reagieren.
Sich selbst zu verlieren, die Verantwortung für das persönliche Glück dem Partner zu überlassen, sind sichere Zeichen für eine Fusion.
Und die Aufopferung erkennst Du, wenn Du die Gefühle von anderen übernimmst, Dich an Situationen oder Menschen des lieben Friedens willen anpasst.

Fusion/Verschmelzung	Wahre Verbindung
Du verlierst Dich selbst in Beziehungen	Du hast einen Sinn für Dich selbst
Du wahrst Deine eigenen Grenzen nicht, Deine Wünsche stellst Du zurück	Du kennst und setzt Deine Grenze, wahre Verbindung, gemeinsame Absprachen
wenig Kommunikation, keine Offenheit, schwierige Themen werden nicht angesprochen	leichte Kommunikation, man hat sich immer was zu erzählen, alle Themen kommen auf den Tisch
alles ist schwer (Beziehung, Freundschaften, Job)	Leichtigkeit
Verwirrung	Einbeziehung des Partners
Abhängigkeit	Freiheit und Liebe
Mitleiden mit anderen	Mitfühlen mit anderen
Ungleichheit	Gleichheit
sexuelle Fantasien, die man nicht dem Partner mitteilt und Abschweifen bis zur Untreue	sexuelles Miteinander, (man teilt dem Partner seine Fantasien mit) Verbindung, Treue

Die Tabelle ist nicht vollständig und gibt nur einen kleinen Anhaltspunkt. Die Themen der Selbstliebe, der Selbstachtung und der Wertschätzung sind feste Bestandteile unserer Seminare.

Bitte verurteile Dich jetzt nicht, wenn Du eine *Verschmelzung* bei Dir feststellst. Klopfe Dir lieber anerkennend auf die Schulter und sei dankbar, dass Du sie erkannt hast. Denn nun kannst Du den nächsten Schritt gehen und Dich entscheiden, diese Verschmelzung zu lösen und wieder ein wenig mehr zu Dir selbst zurückzukehren und den anderen aus Deiner Freiwilligkeit heraus aus ganzem Herzen zu lieben. Du wirst sehen, Deine Beziehungen laufen dann viel leichter und lebendiger, die Erwartungen sind nicht mehr so hoch und Du ersparst Dir die Enttäuschungen, die meistens prompt auf eine Erwartungshaltung folgen.

Erwartungen und Verurteilungen kommen immer aus dem Ego und haben nichts mit Herzkraft oder Gemeinschaft zu tun. Im Gegenteil: Sie sind der Killer jeder Beziehung.

Je mehr Du bei Dir ankommst und Dein Herz öffnen kannst, umso schöner, leichter und liebevoller wird Dein Umgang mit Deinem Partner. Plötzlich erlebst Du wieder das Gefühl von Verliebtsein, wie Du es schon lange nicht mehr kanntest.

Wichtig: *Glaube mir kein Wort, probiere es aus …*

Mit wem steckst Du in der Fusion fest (Partner, Mutter, Vater, Kinder, Arbeitskollegen, Freunde)?

Lebst Du frei oder fühlst Du Dich eingeschränkt?

Opferst Du Dich auf?

Tust Du viele Gefälligkeiten, *um zu* ...?

Hast Du viele Erwartungen an andere?

Bist Du bereit, Deine Erwartungen aufzugeben?

_____

_____

_____

_____

_____

_____

_____

_____

_____

TRAUER UND OHNMACHT VER-SUS LICHT UND LIEBE

Wir leben nun seit vielen Jahren in wahrhaft unruhigen Zeiten. Viele Menschen haben sich schon daran gewöhnt, täglich Todeszahlen von Terroranschlägen oder Kriegen im Fernsehen zu hören. Sie sind schon abgestumpft oder schützen sich durch Weghören oder Ignorieren. Andere fallen in Trauer, Wut oder Ohnmacht hinein, dies ist auch eine Möglichkeit, um den Schmerz zu bewältigen.

Doch hilft das den Opfern? Hilft es uns selbst?

Ich glaube zutiefst daran, dass wir, wenn wir alle gemeinsam für Frieden, Gerechtigkeit und Brüderlichkeit beten, ein Licht in die Dunkelheit senden und somit einen Beitrag für den Weltfrieden leisten. So möchte ich Dich jetzt bitten: Lasst uns gemeinsam für die Opfer, die Hinterbliebenen und für den Frieden beten. Das kann jeder an jedem Ort der Welt tun, wo immer er sich aufhält. Vielleicht möchtest Du einfach eine Kerze auf Deine Fensterbank stellen und ein Licht anzünden. Oder vielleicht stellst Du eine Laterne neben Deine Haustür und erhellst somit den Eingang. Es gibt viele Möglichkeiten, um Licht in die Welt hinaus zu tragen.

Wenn Dir kein Gebet einfällt, kannst Du auch gerne mein Gebet nutzen:

Lieber Gott,
lieber Jesus Christus,
lieber Heiliger Geist,
lieber Sai Baba,
liebe Engel,
liebe Helfer aus dem Licht und der Liebe Gottes,
ich bitte um eure Hilfe. Möge der Frieden in mein
Herz zurückkehren und in die Herzen von allen Men-
schen auf dieser Welt. Jesus Christus hat uns ein
Versprechen hinterlassen, indem er uns sagte: »In
meines Vaters Haus gibt es viele Wohnungen.« So
bitte ich euch, schenkt den Opfern dieses Zuhause.
Und bitte tröstet die Hinterbliebenen und schenkt
ihnen Hoffnung und Vertrauen.
Danke.
Amen.

Seit meiner eigenen Heilung vor vielen Jahren lebe ich in der tiefen Überzeugung, dass alle unsere Gebete erhört werden.

DEIN PERSÖNLICHES MUSEUM

In Deutschland lebt ein Mensch im Durchschnitt 81,09 Jahre, zwei Jahre weniger als die Franzosen und sogar drei Jahre weniger als die Südländer.
81,09 Jahre … das sind 29.598 Tage. Hast Du Dir mal Gedanken gemacht, wie viele Tage Du leben möchtest? Wie alt willst Du werden? Du bist der Schöpfer, Du kreierst Dir dein Leben.

Und nun habe ich noch eine weitere Anregung:
In der Hypnose-Ausbildung lernten wir eine Suggestion, die die Teilnehmer in alle ihre Räume aus der Vergangenheit brachten. So konnten wir erfahren, mit welchem Sinn der Teilnehmer am meisten wahrnimmt. Diese Übung hat mich inspiriert:
Stell Dir mal vor, dein Leben würde in einem Museum ausgestellt. Jeder Tag Deines Lebens würde katalogisiert werden. Deine Gefühle wären aufgezeichnet, die Menschen, mit denen Du zu tun hattest, würden über Dich reden und sehen, mit welchen Dingen Du Deine Zeit verbracht hast.

Und wenn Du gestorben bist, könnten die Menschen durch Räume und Flure gehen und Deine Fotos anschauen, Deine Briefe oder Deine Gedichte lesen. Sie könnten dein Lebenswerk bewundern, nämlich das, was Du den Menschen hinterlässt.

Was hinterlässt Du den Menschen?

Überlegen wir doch mal gemeinsam: Wenn Du 80 Prozent Deiner Zeit mit einem Job verbringst, der Dir nicht gefällt, dann wären auch die 80 Prozent des Museums genau damit gefüllt. Man würde Bilder und Zitate sowie kurze Videofilme sehen, die Szenen verschiedener unglücklicher Momente zeigen. Wenn wir aber zu 90 Prozent der Menschen, mit denen wir zu tun haben, freundlich wären, würde man genau das in dem Museum zeigen. Aber wenn wir ständig wütend und ungehalten wären und 90 Prozent der Menschen in unserem Umfeld anschreien würden, könnte man auch das sehen. Alles wäre mit Fotos und Hörbeiträgen oder kurzen Videoclips dokumentiert.

Wenn wir gerne in der Natur unterwegs wären, am liebsten viel Zeit mit dem Partner, mit Freunden, unseren Eltern, den Kindern oder Hobbys genießen würden, aber all dem nur fünf Prozent unseres Lebens widmen würden, dann wären auch nur fünf Prozent unseres Museums damit gefüllt, so sehr wir auch etwas anderes wünschen würden. Wahrscheinlich gäbe es nur ein paar eingerahmte Bilder am Ende eines langen Flures zu sehen.

Versetze Dich bitte gedanklich einmal in die Situation, wie es wäre, am Ende Deines Lebens durch das

Museum zu gehen, die Videos zu sehen, die Tondokumente zu hören und die Bilder zu betrachten, die Dich ausmachten. Wie würdest Du Dich dabei fühlen?

Und wie würdest Du Dich fühlen, wenn Du wüsstest, dass uns das Museum für immer und ewig so zeigen würde, wie man sich an uns erinnert? Alle Besucher würden Dich genauso kennenlernen, wie Du tatsächlich warst?

Die Erinnerung an uns würde nicht auf dem Leben basieren, das wir uns eigentlich erträumt hatten, sondern darauf, wie wir tatsächlich gelebt haben. Und nun spüre mal hin, wie es sich anfühlen würde, wenn Du im Himmel, im Jenseits oder wo auch immer Du Dich nach Deinem Tod aufhältst, den Job bekämst, Führer in Deinem eigenen Museum zu werden!

Doch die gute Nachricht daran ist: Es ist nie zu spät, um neu anzufangen oder Dich zu entscheiden, ein freundlicheres und glücklicheres Leben zu leben.

Ich durfte einmal in einer Ausbildung meine eigene Todesanzeige schreiben. Wir mussten uns vorstellen, wer um uns trauern würde und was die Menschen über uns sagen würden.

Mir hat diese Übung die Augen geöffnet. Danach verabschiedete ich mich von Menschen, die mir per-

sönlich nicht guttaten. Sie waren kurzzeitige Begleiter auf meiner Lebensreise. Es war schön, eine Weile
mit ihnen zu verbringen, doch irgendwann wurde es
anstrengend. Ich nahm allen Mut zusammen und
schrieb diesen Menschen einen wertschätzenden
Abschiedsbrief. Ich habe diese Menschen noch in
meinem Herzen, denn sie waren ja ein wichtiger Teil
meines Lebens, doch auf neuen Pfaden und mit einem anderen Bewusstsein ließ ich sie los. Ich habe
sie nicht vergessen, ich verbringe lediglich keine
Zeit mehr mit ihnen.

Wer würde um Dich trauern?
Was bleibt den Menschen von Dir in Erinnerung?
Was erzählen sie von Dir, welche Anekdoten wür-
den sie zum Besten geben?

_____

_____

_____

_____

_____

ANGST VOR ZURÜCKWEISUNG

Kennst Du das Gefühl, dass Du Dich schämst, wenn Du daran denkst Deinem Partner, Deinen Eltern oder Deinen Kindern zu sagen, dass Du sie liebst? Befremdet Dich dieser Gedanke oder ist er Dir vertraut?

In einer Umfrage unter meinen Klienten und Seminarteilnehmer zu diesem Thema, erhielt ich zwei Antworten:

1. Die Angst, wie die Menschen wohl reagieren würden.
2. Die Angst, sich lächerlich zu machen.

Hinter beidem kannst Du die Angst vor Zurückweisung und Ablehnung erkennen. Das bedeutet, tief in Dir drinnen gibt es noch ein kleines Kind, das diese alten Gefühle hegt. Wäre es nicht schön, sie endlich anzunehmen und dann loszulassen?

Eine Klientin, die mir geschrieben hatte, hat erwachsene Kinder, die selbst schon wieder Kinder haben. Sie hat Angst, ihren Kindern zu sagen, dass sie sie liebt. Sie schämt sich. Da es ja keine Zufälle gibt, schrieb mir der Sohn der Dame, er würde es sich so sehr wünschen, dass seine Eltern ihm einmal sagen, dass sie stolz auf ihn sind und ihn lieben. Ich bat ihn, den Mut aufzubringen, den ersten Schritt zu tun und seinen Eltern zu sagen, dass er sie liebt. Was glaubst Du, was er mir antwortete: *Liebe Silvie, ich würde das so gerne tun, doch ich schäme mich so sehr, ich bekomme es einfach nicht über die Lippen.*

Ist es Dir genauso ergangen? Würdest Du auch gerne den Menschen, die Dir nahe sind, sagen, dass Du sie liebst und traust Dich nicht? Dann frage Dich doch mal, was das Schlimmste ist, was Dir passieren könnte: Geht die Erde auf? Stirbst Du? Nein, nichts dergleichen wird passieren. Das einzig Schlimme, was geschehen kann ist, dass Deine Eltern unwirsch mit der Hand die *Gefühlsduselei* abwinken. Und warum? Weil sie es auch nicht kennen und sich ebenfalls ein bisschen schämen. Aber Dein Satz, Deine Geste, die bleibt tief im Herzen und sie freuen sich darüber.

Hab den Mut und probiere es aus. Und wenn Du es geschafft hast, dann schreibe mir. Ich freue mich darauf, von Dir zu lesen.

ENERGIERÄUBER

Fühlst Du Dich müde, leer und energielos? Woran liegt es, dass Du Dich selbst nach einem Urlaub wieder schnell ausgelaugt fühlst und schon voller Sehnsucht an den nächsten Urlaub denkst?

Es liegt daran, dass Du nicht authentisch bist.
Wenn Du den anderen eine Rolle vorspielst und nicht echt bist, Dich bemühst und verstellst, die Dinge tust, *um-zu* ... also um gut dazustehen, um Anerkennung zu erhalten oder einfach um Geld zu verdienen, dann bist Du in einer Rolle und im Bemühen. Und das kostet Dich jede Menge Kraft.

Aber warum fällt es Dir so schwer, diese Rollen aufzugeben, einfach mal weniger perfekt zu sein und mal zu entspannen?
Ganz einfach: Dein Verhalten, das Bemühen, das Denken in bestimmten Bahnen und auch dein Perfektionismus sind Überzeugungen, die Du Dir antrainiert hast. Und weil Du sie Dir über lange Jahre angeeignet hast, fällt es Dir auch nicht leicht, sie einfach so auf Kommando loszulassen.
Die gute Nachricht ist: Alles was Du Dir antrainiert hast, kannst Du auch wieder auflösen. Du kannst es ändern, wenn Du die Bereitschaft dazu hast.

Vor einigen Seiten habe ich von der Stille, von Deinem inneren Raum geschrieben. Er kann Dir helfen, wenn Du Dich leer, traurig oder energielos fühlst. Du glaubst es nicht? Probiere es doch bitte mal aus. Setze Dich einfach an Deinen Ort der Stille und atme. Bei jedem Einatmen denkst Du an die Liebe, an etwas, was Dein Herz erfreut. Bei jedem Ausatmen lässt Du Deine Trauer, Deine Müdigkeit und Deine Leere los.

Wenn Du diesen Weg weitergehen möchtest, dann atme weiter tief ein und fühle in Dein Herz hinein. Alles, was Du da draußen im Außen und bei anderen suchst, hast Du schon in Dir. Du hast alles mitgebracht in diese Welt. Suche jetzt den Teil, der Dir scheinbar fehlt.

Auch, wenn Du etwas in die Tiefe gehen oder, wie ich gerne sage, *an der Boje hinabtauchen* musst, der Teil ist und war stets da. Finde ihn, heiße ihn in Deinem Leben willkommen und dann lasse Dich von seiner Energie durchfluten. Ich verspreche in jedem Kurs, dass nach getaner Arbeit die Geschenke warten. So lasse Dich beschenken, lerne dabei gleichzeitig das Annehmen und fühle jetzt mal, wie es Dir damit geht.

In unseren Seminaren erzähle ich so oft davon: Wann immer ich nicht in Verbindung war mit mei-

ner Trauer, meiner Wut oder meinen Aggressionen –
sie nicht in mir fühlte –, dann war das so, weil ich
sie meisterhaft unterdrückte.

In meinem Elternhaus habe ich nicht gelernt, beja-
hend mit meinen Gefühlen in Verbindung zu treten.
Schöne Gefühle waren angenehm, da ging die Sonne
auf. Schlechte oder schmerzhafte Gefühle konnte
ich zwar bei meinen Eltern äußern, doch sie wurden
von mir verdrängt. Teppich hoch, die negativen Gefühle und Probleme drunter schieben und den Teppich schön wieder drauflegen. Nur nicht meinen Eltern oder irgendjemandem zur Last fallen, *das
schaffe ich schon alleine*, dachte ich immer. *Ich bin
ja schon ein großes Mädchen.*

Erst in meinen späteren Lebensjahren lernte ich durch
meine spirituellen Lehrer, dass alle Gefühle gleich-
wertig sind, weil sie alle zu meiner Energie- und zu
meiner Gesamtpersönlichkeit gehören. Meine Aufgabe war es also alles, was sich zeigte, anzunehmen, es zu fühlen und zu integrieren. Die Integra-
tion, das Annehmen ist die Zauberkraft, die alles
verändert.

Durch das Zulassen von allen Gefühlen, die in mir
waren, wurde ich innerlich weicher, liebevoller und
entdeckte meine Stärken und die unbändige Liebe,
die ich in mir habe. Heute weiß ich, dass das Leben

stets für mich ist, wenn ich in meinem Herzen und somit in Verbindung bin. Wenn ich bereit bin, mich dem Spiel des Lebens hinzugeben, dann spielt es eine wunderbare Melodie und ich kann lernen, lieben und leben. Es ist das Loslassen des Habenwollens und der Kontrolle, worauf es ankommt. Es ist ein Entblößen und Ablegen unserer Masken und Rollen, wodurch wir in ein entspanntes Gefühl des Vertrauens und des Geführtseins eintauchen können.

Ich verließ die Ebene des Wertens, des Verurteilens und nahm alles an, wie es kam. Irgendwann entdeckte ich dann dieses Wunder des Lebens und den Sinn, der in allem Sein vorhanden ist. Für mich ist das der Grundstein für gelebte Spiritualität.

Ich möchte Dich herzlich einladen, es auszuprobieren:

Welche Rollen spielst Du täglich?

Bei welchen Menschen kannst Du echt und authentisch sein?

Bei welchen Menschen spielst Du eine Rolle?

Warum spielst Du diese Rolle, was möchtest Du schützen oder verbergen?

Hast Du den Mut und die Bereitschaft, alles anzunehmen, was sich Dir an guten und unguten Gefühlen zeigt?

Hier habe ich einen schönen Tee für Dich, der Dich unterstützen kann, wenn Deine Energie mal in den Keller geht und Du Dich schwach fühlst.

Energie-Tankstelle – die Kraft-Mischung
Teemischung: Bibernelle, Bohnenkraut, Brennnessel, Salbei zu gleichen Teilen.
Als Kur etwa drei Monate trinken, dabei immer drei Wochen Kur und drei Wochen Pause im Wechsel. Nicht abends trinken, denn der Tee wirkt stark vitalisierend.

VERÄNDERUNGEN

*Wenn Du nur das tust, was Du immer getan hast,
wirst Du nur das bekommen, was Du immer bekommen hast.*

Abraham Lincoln

Das Leben ist ein Kreislauf voller Veränderungen.
Ohne sie würden wir immer nur auf der Stelle treten
und Entwicklung und Wachstum wären unmöglich.
Veränderungen tragen Chancen und Möglichkeiten
in sich.
Veränderungen geben Dir die Chance zu einer Ver-
besserung der bestehenden Situation. Sie sind zunächst weder gut noch schlecht. Entscheidend ist immer, was Du aus einer solchen Situation machst.
Wenn sich etwas verändert, kannst Du darunter leiden und darüber jammern. Oder Du tust Folgendes:
Du überlegst, was Dir die neue Situation für Chancen und Möglichkeiten bietet. Mit einer Veränderung zu hadern, ist eine menschliche Reaktion, aber
langfristig nicht sehr hilfreich.
Aktiv leben heißt, selbst Veränderungen zu initiie-
ren.

Das Leben fließt. Wenn Du an einen Scheideweg
kommst, bleibst Du zunächst einmal stehen. Das Le-

ben kann erst weiterfließen, wenn Du eine Entscheidung getroffen hast.

Aber manchmal fällt es schwer, diese zu treffen. Kennst Du das? Du sitzt im Restaurant, hast einen Mordshunger und dennoch kannst Du Dich nicht zwischen zwei Gerichten entscheiden, weil Du sie am liebsten beide essen würdest? Oder zwischen zwei Klamotten, Schuhen etc.?

Das verbirgt zwei Ursachen: Oft haben die Menschen einfach **Angst**, sich falsch zu entscheiden. Sie vergessen ganz, dass das Universum ein stetiger Entwicklungs- und Verbesserungsprozess ist. Diesem Prozess unterliegen wir Menschen ebenso, denn wir sind ein Teil des Ganzen. Demnach gibt es keine Fehler im negativen Sinne, denn der vermeintliche Fehler führt uns zu einer Erkenntnis. *Erkenntnis* kann man auch *Entwicklung* nennen und darum geht es im Leben.

Entscheidung heißt auch oft **Abschied**. Denn wenn Du Dich entscheidest, einen Weg zu gehen, verzichtest Du auf den anderen. Das macht manche Entscheidung schwer. *Entscheidung* heißt *scheiden*, *scheiden* heißt *Abschied*. Beim Abschied wird erst bewusst, was wir voneinander gehabt haben. Beim Abschied wird die ganze Liebe spürbar, die wir für die Beteiligten empfanden und weiter empfinden werden.

Eine anstehende Entscheidung nicht zu treffen bedeutet, den Fluss des eigenen Lebens zu unterbrechen. Wir bleiben stehen und wir hören auf, wirklich zu leben.

Wenn wir uns dann endlich für einen Weg entscheiden können, bringt die Entschlusskraft das Universum in Bewegung und es liefert uns die Realität, die wir uns gewünscht haben. Türen gehen auf, von denen wir nicht einmal wussten, dass es sie gibt.

Gute Entscheidungen kannst Du dann treffen, wenn Du tief in Dir, in Deinem Innersten wahrnimmst, was Dir tatsächlich entspricht. Dann bist Du Dir sicher und kannst zudem, wenn auch mit Tränen, mit Freude und Zuversicht im Herzen aufbrechen.

ZIELE

Hast Du Ziele? Hast Du Wünsche und Träume zu Zielen gemacht? Kannst Du Dein Ziel beschreiben, kannst Du es sehen, riechen, schmecken?

In der Praxis habe ich die Erfahrung gemacht, dass Ziele helfen zu heilen oder zu genesen. Ich arbeite viel mit depressiven und krebskranken Menschen. Die Menschen, die Ziele haben, kommen einfach schneller in die Heilung. Sie füttern ihr Unterbewusstsein mit den Bildern und Wünschen, die sie verwirklichen möchten. Das Unterbewusstsein kurbelt dann die Selbstheilungskräfte an und unterstützt so durch die guten Gedanken den Selbstheilungsprozess.

Zerpflücken wir doch einmal das Wort *ZIELE* in einzelne Buchstaben und beleuchten mal das »Z«: Das »Z« steht für *Zukunft*. Nun frage Dich doch einmal: Entspricht Dein Ziel Deiner Vorstellung von einer selbstbestimmten Zukunft?

Unsere Wünsche und Vorstellungen ändern sich im Laufe unseres Lebens, doch ganz oft passiert es, dass wir an alten, längst überholten Zielen, die vielleicht gar nicht von uns sind, festhalten.

Wenn ich Gedanken sehr intensiv denke, entwickelt sich daraus ein intensives Kraftfeld, das eine Eigendynamik entwickelt. Dies wird als *Elemental* bezeichnet. Denken viele Menschen oder eine ganze Gruppe von Menschen einen bestimmten Gedanken, kann daraus ein sehr starkes Kraftfeld entstehen. Das wirkt dann in unserem Feld. Negative Gedanken können sich somit regelrecht verselbständigen und uns daran hindern, unsere Ziele zu erreichen. Ein Elemental kannst Du Dir somit wie ein riesiges Kraftfeld vorstellen, das Dich umgibt und davon abhält, das zu tun, was gerade nötig wäre. Doch umgekehrt kannst Du auch mit positiven und aufbauenden Gedanken ein ebenso starkes Feld aufbauen. Und wenn Du viele positive und aufbauende Gedanken täglich bewusst denkst, erhöhst Du somit Deine Schwingung – die negativen Gedanken der anderen Menschen oder deren Kraftfelder können dann nicht mehr bei Dir andocken.

Eine kleine Anmerkung von mir am Rande:
Wir denken pro Tag 70.000 Gedanken. Die meisten dieser Gedanken sind unbewusst oder sogar negativ. Man kann sagen, dass sich die Gedanken des Durchschnittsmenschen wie folgt zusammensetzen:

- 70 % sind flüchtige und nebensächliche Gedanken.
- 27 % sind negative und destruktive Gedanken, die die Grundschwingung nach unten drücken.
- 3 % sind positive, aufbauende und kreative Gedanken, die die Grundschwingung erhöhen.

Mit diesem Hintergrundwissen ist es absolut sinnvoll, ab und an die eigenen Ziele zu überprüfen und alte, nicht mehr verfolgte Ziele zu löschen. Du kannst Deine Führung oder die geistige Welt bitten, dass sie die Elementale auflösen und den entstehenden Freiraum mit Licht und Liebe auffüllen.

Hast Du ein qualitatives Ziel? Welche Qualität willst Du denn in Deinem Leben haben und wie kommst Du dahin? Wovon träumst Du schon lange, auch wenn Du nicht weißt, wie Du es verwirklichen kannst?
Nimm Dir jeden Tag 10–15 Minuten Auszeit und träume mal, wie es wäre, wenn Du Dein Ziel erreicht hättest. Erlaube Dir, der Mensch zu sein, der Du immer sein wolltest, mit all den Eigenschaften, die Du an anderen bewundert hast und Dich nicht getraut hast, sie zu leben und projiziere Deinen Traum auf die Leinwand Deines inneren Auges. Neues kann nur entstehen, wenn wir bereit sind, Bekanntes und Vertrautes zumindest gedanklich beiseitezulassen.

Widmen wir uns nun dem »I«, das für *innere Stimme* steht. Wenn Du Deine Sehnsucht als Leitstern benutzt und einfach mal in Dein Herz hörst und auf Deine Gefühle achtest, dann kommst Du Deiner inneren Stimme schon sehr nahe. Sie ist sehr leise und daher kannst Du sie in der Stille am allerbesten wahrnehmen. Doch manchmal bist Du auch mit irgendetwas beschäftigt und schwupp kommt da was aus dem Bauch hoch geploppt und Du weißt mit einer unerschütterlichen Sicherheit: *Ja, genau so soll es sein. Das ist es!* Du bist ganz sicher, Du weißt es tief aus Deiner inneren Wahrheit heraus und dieser kannst Du vertrauen. Wissen ist angelernt und konditioniert und kommt von unserem Ego, doch Weisheit ist unsere innere Wahrheit, sie würde uns nie zu etwas Schlechtem leiten. Doch es gehört sehr viel Mut dazu, der inneren Stimme zu vertrauen, denn oft bedeutet es Veränderung.

Ich wünsche Dir ganz tolle Augenblicke mit Deiner inneren Stimme, auf dass Du Deine Wahrheit findest und Deinem Ziel immer näherkommst.

Schauen wir uns das »E« an, das für unsere *Emotionen* steht. Unsere Gefühle sind das Salz in der Suppe und so ist es auch, wenn wir ein neues Ziel erreichen wollen.

Bist Du voller Freude? Bist Du ungeduldig, kribbelt Dein Bauch vor Aufregung. Kannst Du das, was Du erreichen möchtest, schon vor Deinem inneren Auge sehen? Kannst Du spüren, wie es ist, Dein gewünschtes Ziel zu erreichen? Nur wenn Du es auch tatsächlich fühlen kannst, wirst Du dort hingelangen. Andernfalls bleibt es einfach ein schöner Traum, ein

Kopfkinofilm, dem die emotionale Basis fehlt, ein Tagtraum.

Welche Emotionen entstehen denn bei Dir, wenn Du an Dein Projekt, an Dein Ziel denkst? Welche Gefühle oder Teilchen auch immer in Dir hochsteigen, sie sind ein sehr guter Wegweiser. Sie geben Dir Anhaltspunkte, an welchen Stellen Du noch was klären, prüfen oder anpassen darfst.

Wie groß ist Dein Ziel? Ist es größer als Du selbst? Bietet es Dir Raum, um persönlich wachsen zu können, oder erdrückt es Dich? Wie lange hast Du dieses Ziel schon in Dir? Erfüllst Du Dir damit einen Lebenstraum?

Diese Aspekte gelten nicht für alle Ziele, die wir uns vornehmen, doch viele Menschen sehnen sich von Herzen danach, ihr Leben sinnvoller zu gestalten. Diese Fragen sind Teil davon, wenn wir ein Leben nach unseren Vorstellungen gestalten wollen – ein selbstbestimmtes Leben nach unserem eigenen Drehbuch, verbunden mit einem Gefühl von Sinnhaftigkeit.

Wir sind beim »L« angekommen, das für die *Lebendigkeit* steht. Wie sehr liebst Du dieses Ziel? Brennst Du dafür? Spürst Du Dein inneres Feuer? Oder verbrennt Dich Dein Ziel, raubt es Dir die Kraft? Dann war es die falsche Entscheidung.

Wenn Du Dich freust, Dich absolut lebendig fühlst, das Gefühl hast, einen Energydrink zu Dir genommen zu haben, dann ist sie da, die Leidenschaft und die Lebendigkeit, die Dir hilft, Dein Ziel in kleine Etappenziele zu verwandeln und sie auszuführen.

Prüfe daher immer wieder Deinen Energielevel. Fühlst Du Dich lebendig, dann mache weiter, fühlst Du dich ausgepowert, dann halte inne und korrigiere Deine Zielsetzung.

Sehen wir uns nun den letzten Buchstaben, das zweite »E« an, das für Erfolg steht. Erfolgreich zu sein kann man lernen, so wie man eine Fremdsprache lernt. Erfolg ist ein Produkt, das man wie jedes andere Produkt herstellen kann. Und … Erfolg bedeutet sehr viel mehr als Geld, Besitz, Macht und Überlegenheit. Erfolg bedeutet in Wirklichkeit, dass Dein ganzes Tun erfolgreich ist. Und zum wirklichen Erfolg gehören natürlich Gesundheit, Freude, Glück und vor allem Erfüllung.

Deshalb wäre das Wichtigste, was Du in diesem Augenblick tun könntest, Dich zu entscheiden, dass Du einer der wenigen bist, der zu dem kleinen Prozentsatz der erfolgreichen Menschen gehört. Dazu kann man sich wirklich entscheiden. Das ist aber nur sinnvoll, wenn Du eine unwiderrufliche Entscheidung treffen willst. Wenn Du Dich jetzt entscheidest, kann

Dich keine Macht der Welt mehr aufhalten, Erfolg zu haben. Dann ist ab heute jedes Hindernis nur ein Sprungbrett auf dem Weg zum eigentlichen Erfolg. Eine Sache ist erst abgeschlossen, wenn sie erfolgreich beendet wurde.

Wenn Du Dich in einer Sache unwiderruflich für den Erfolg entscheidest, dann kann es sein, dass Dir auf dem Weg dahin einige Misserfolge passieren. Du weißt noch nicht, wie lange es dauert, bis Du an Deinem Ziel bist, aber Du weißt, wie es am Ende ausgeht, nämlich so, wie Du Dich entschieden hast!

Wenn Du von der Macht der unwiderruflichen Entscheidung Gebrauch machst, gibt es für jede Sache, die Du beginnst, keinen anderen Ausgang als Erfolg. Es ist ein großer Unterschied, ob man einfach nur liest, wie man Ziele erreichen kann, oder ob man sich in die Übungen vertieft. Denn oft stellt uns das Leben eine Prüfung. Dann fragst Du dich verwundert, warum das, was du gelesen hast, nicht funktioniert. Nun zeigt sich ganz genau, ob Du nur gelesen hast oder ob Du diesen positiven Zustand auch lebst und in Dich integriert hast, also auch fühlst. Jetzt stellt sich nämlich heraus, mit welcher Einstellung, welchen Gefühlen und welchen Programmen Du tatsächlich reagierst. Es zeigt sich, ob es das letzte Mal sein wird, dass Dir das Nichtgewollte, Nichtbestellte, Nichtgewünschte begegnet, weil Du dem nun mit Deinem positiven, dem neu gelernten Programm begegnen kannst, oder ob Du wieder mit dem bisherigen, dem altgewohnten Muster daherkommst und damit erneut das Ungewollte erschaffen wirst.

Dieser Vorgang passiert fortwährend in unserem Leben. Es ist ein permanenter Prozess des Reflektierens und neu Definierens. Sobald wir eine neue Bewusstseinsebene erreicht haben, winken bereits die Gelegenheiten der nächst höheren Stufe. Das gilt für alle Lebensbereiche.

Denke zum Beispiel an einen Menschen, der mit nichts oder wenig beginnt, eine Existenz aufzubauen, so wie ich es vor 14 Jahren tat. Gerade am Anfang spiegelt die Situation *Mangel*. Der Mangel weicht, wenn die ersten Klienten oder Seminarteilnehmer kommen. Am Anfang geht die Rechnung vielleicht noch nicht so genau auf. Dann kommen weitere Klienten, die Kasse klingelt nun schon häufiger. Langsam läutest Du nun den Wachstumsprozess ein. Es spricht sich herum, dass es eine neue Praxis gibt. Und immer mehr Menschen kommen, die Einnahmen fließen und der Mangel gehört der Vergangenheit an. Der Steuerbescheid ist dann ein guter Spiegel des Wachstumsprozesses, der mir stets vor Augen führt, ob ich im Wohlstand oder im Mangel bin, nämlich bei der Frage, mit welchem Muster ich auf ihn reagiere. Freue ich mich, dass ich Steuern zahlen darf, dann habe ich auch was verdient und ziehe somit weiter das Verdienen an. Verfluche ich sämtliche Steuern, dann brauche ich mich nicht zu wundern, wenn ich immer weniger verdiene und dann somit wieder Mangel erschaffe.

Wenn ich heute das Wort *Finanzamt* höre, dann denke ich mit einem breiten Grinsen an eine wohltätige Organisation, die mit meinem Beitrag hilft, diesem Land aus dem Mangel zu helfen. – Also segnen wir unsere Steuern.

So, nun kannst Du Deine Einstellung prüfen: Wie fühlst Du Dich, wenn Du Steuern zahlen musst? Fühlst Du Dich als das Opfer, das Arbeitspferd, der Kleine und Hilflose, der ausgebeutet wird oder fühlst Du Dich als der Starke, der es geschafft hat und deshalb etwas abgeben kann, damit es der Gemeinschaft gut geht, damit Schulen gebaut werden können, damit Schwachen und Kranken geholfen werden kann?

Merkst Du was? Ich habe bewusst das Thema *Steuern* benutzt, da dies die Gemüter immer perfekt erhitzen kann. Versuche doch einfach mal, alle negativen Erlebnisse des Alltages zu nutzen, als Einladung zu lernen, und transformiere sie ins Positive.

Aber Vorsicht: Du musst es wirklich positiv fühlen und ernst meinen. Sich etwas vormachen oder aufsetzen funktioniert nicht. Du musst den positiven Aspekt in Dir selbst entdecken und integrieren. Also gehe ins Fühlen und sei achtsam!

Ich wünsche Dir ganz viel Spaß beim Üben. Im Zweifelsfall segne die Situation mit einem Lächeln.

Raum für Deine Träume und Ziele:

_____

_____

_____

_____

_____

_____

_____

_____

Wenn es darum geht, Deine Ziele zu erreichen, kann ich Dir die folgende Teemischung zur Unterstützung empfehlen:

20 g Angelikawurzel
20 g Brennnessel
20 Eisenkraut
20 Pfefferminze
20 g Rose
20 g Wermut

FREUDE

Du lebst Dein Leben so vor Dich hin, absolvierst die Schule, machst Deine Ausbildung … vielleicht beginnst Du direkt Vollzeit zu arbeiten oder Du startest mit einem Studium. Dann kommt ein Partner oder mehrere Partnerschaften, irgendwann gründest Du eine Familie und zur Krönung kommen dann noch das Haus und der eigene Garten. Du kannst Dir Urlaube gönnen und Deine Hobbys ausüben. Alles läuft zwar ganz gut, eben das normale Leben, der ganz normale Alltag, wie ihn viele Menschen leben, aber …

Ich lebte auch so. Ich hatte meinen Partner, mein Job, Haus und Garten und spürte, dass mir etwas fehlte. Doch dieses Etwas konnte ich nicht richtig benennen. Ich spürte, dass ich nicht mehr so viel oder vor allem nicht mehr von Herzen lachen konnte. Meine freie Zeit konnte ich nicht genießen, irgendwas nagte ständig an mir. Ich merkte, dass ich immer unzufriedener wurde, und konnte mir nichts mehr gönnen. Mit großem Erschrecken stellte ich fest, dass ich einfach keine Freude mehr in mir spürte. Menschen, die übers ganze Gesicht strahlten und Freude, Leichtigkeit und Glücklichsein ausstrahlten, waren mir suspekt. Ich kreierte mir in Gedanken das

Bild, sie würden das nur vorspielen, weil ich die Wahrheit nur schwer ertragen hätte.

Doch irgendwann spürte ich Neid. Ich spürte tief in mir, dass ich diese glücklichen und vor Freude strahlenden Menschen beneidete. Es war ein unangenehmer Stachel, der sich tief in mein Herz hineinbohrte. Es tat richtig weh und ich konnte ihn einfach nicht mehr ignorieren.

Und welche Botschaft hat der Neid für uns? Er zeigt uns: *Genau das hätte ich auch gerne.* Er spiegelt uns unsere Sehnsucht, nämlich das, was wir auch gerne hätten.

Kennst Du dieses Gefühl? Beneidest Du auch Deine Freundin um ihre Partnerschaft, Deinen Freund um seinen gut dotierten Job?

Als mir das klar wurde, konnte ich mein Leben in die Bahnen lenken, die mir Freude und das Glücklichsein zurückbrachten. Ich musste viele Umwege gehen, viele Entscheidungen treffen und Veränderungen bestimmten mein Leben, doch es hat sich gelohnt. Heute bin ich glücklich und kann mich wieder freuen.

Jetzt möchtest Du natürlich meinen Weg erfahren, nicht wahr? Er war ganz simpel: Zunächst segnete ich alle Menschen, die Freude ausstrahlten. Dies kann ich Dir nur empfehlen, denn durch das Segnen bejahst Du das, was sie haben, und ziehst diese Eigenschaft energetisch in Dein Leben.

Der zweite Schritt geht in die Vergangenheit. Erinnere Dich bitte an Deine Kindheit oder Jugend, denke bitte einen kurzen Augenblick daran zurück, wie sorglos und unbeschwert Du warst. Die Welt stand Dir offen, es gab so viel Neues und Spannendes zu entdecken, Du hattest noch Träume. Selbst wenn Deine Kindheit nicht schön war, wenn Du in ärmeren Verhältnissen oder in einer zerrütteten Familie aufgewachsen bist, überlege bitte mal, wovon Du als Kind geträumt hast?

Deine Träume kannst Du als Wegweiser in ein glückliches und freudvolles Leben nutzen. Sie kommen tief aus Deinem Inneren und kennen Dich besser als irgendein Wesen im Außen. Vertraue Deinen Träumen und folge ihnen, sie zeigen Dir den Weg zurück in die Freude.

Die Freude gehört zu den Grundemotionen und ist in allen von uns genetisch angelegt. Es gibt keinen Menschen auf dieser Erde, dem dieser genetische Code fehlt. Ob wir die Freude nun sehr überschwänglich oder eher leise empfinden, das hängt von unserm Typus ab.

Körperlich empfindest Du Freude durch das Gefühl der Entspannung und Wärme, durch Dein Herz, das hüpft oder sich offen und weit anfühlt. Im Außen lächeln Dein Mund oder Deine Augen.

Um Freude empfinden zu können, müssen wir eine Situation oder etwas, das geschehen ist, positiv bewerten. Es muss ein inneres Ja zu hören und zu spüren sein. Wenn dann dieses Gefühl der Freude aktiviert ist, fühlen wir uns größer, stärker, toleranter, attraktiver und plötzlich ist das Leben schön und alles geht uns viel leichter von der Hand.

Wenn wir die Freude dann erhalten oder vermehren wollen, so brauchen wir nur Dinge zu tun, die uns Spaß machen, die Freude mit anderen zu teilen oder einfach nur dankbar sein, dass es uns gerade so gut geht.

Wie alle Gefühle wird auch die Freude nicht unser Dauergast sein, es wird auch mal wieder andere Tage geben. Doch dann kannst Du Dich an sie erinnern und dann kommt sie auch ganz schnell wieder in Dein Leben zurück.

Ich möchte Dich einladen, es auszuprobieren: Erforsche Dich, beobachte Dich und prüfe, auf wen Du neidisch bist. Prüfe, wie oft Du am Tag lachst. Prüfe, ob Dein Herz offen ist. Prüfe, ob Du einen Saboteur in Dir hast, der Dir sagt: *Du darfst nicht froh sein,* nach dem Motto: *Vögelchen, die morgens pfeifen, werden abends von der Katze gefressen.* Gönne Dir Ruhe und Stille und höre auf Dein Herz. Lege Dich in einen bequemen Sessel oder ins Gras, schließe

Deine Augen und träume. Notiere Dir Deine Träume und lasse sie Wahrheit werden.

Und bitte, lasse Dich nicht von einem Miesepeter verunsichern, dass es keine Freude gibt und dass wir nichts zum Freuen auf dieser Erde haben. Freude kann zwar manchmal ein wenig unter all den anderen Gefühlen verschüttet sein, doch sie geht niemals verloren. Manchmal müssen wir uns auch selbst dazu ermächtigen und uns erlauben, wieder voller Freude sein zu dürfen.

Ich wünsche Dir ganz viel Erfolg, viele schöne Träume und Freude bis zum Himmel.

Sommer für die Seele – die Freude-Teemischung

Diese Mischung wärmt Deine Seele wie ein Sommerspaziergang. Du kannst sie auch gerne im Winter trinken.

20 g Holunderblüten
30 g Kornblumenblüten
50 g Johanniskraut
50 g Zitronenmelisse
50 g Honigklee

Dieses Rezept fand ich auf *Earthwitch's* Blog.

VERLETZLICHKEIT MACHT STARK

Kennst Du dieses zarte und sanfte Gefühl? Oft wird es mit Schwäche in einen Topf geworfen, doch Verletzlichkeit hat nichts mit Schwäche zu tun. Ganz im Gegenteil: Menschen, die ihre Verletzlichkeit zeigen können, sind sehr starke Persönlichkeiten, denn sie beweisen Mut. – Mut, nicht perfekt zu sein, sich Schwächen einzugestehen und so zu sein, wie man eben ist: ein menschliches Wesen mit all seinen wundervollen Facetten.

Brené Brown ist eine Professorin an der *University of Houston*. Sie ist die bekannteste Forscherin über Verletzlichkeit, Scham und Authentizität. Seit mehr als 18 Jahren untersucht sie, wie wir diese Gefühle verstehen und uns aus den Zwängen der Norm befreien können: Wie lernen wir, unsere Verletzlichkeit und Unvollkommenheit zu akzeptieren, damit wir mit mehr Würde und Authentizität durch unser Leben gehen können? *Wagt wieder Großes!*, gibt sie uns mit auf den Weg.
Verletzlichkeit ist der Schlüssel zu allem von dem wir mehr wollen: Freude, Intimität, Liebe, das Gefühl von Zugehörigkeit, Vertrauen. Gleichzeitig sind wir nicht bereit, die Rüstung abzulegen und zu zeigen, wer wir wirklich sind, unsere Ängste und

Träume, weil wir fürchten, man könne all das als Munition gegen uns verwenden. Dies sagte Brené Brown in einem Interview mit einer großen deutschen Tageszeitung.

Wenn Du wahre Verletzlichkeit zulassen möchtest, so bedeutet das, dass Du Dir selbst erst einmal näherkommen und dass Du Dich ehrlich mit Dir und Deinem Umfeld auseinandersetzen musst. Vielleicht fällt es Dir anfangs sehr schwer, Deine Emotionen offen und ehrlich zu zeigen und zu artikulieren. Es kann auch sein, dass dadurch mehr Konfrontation auf Dich wartet. Doch lass Dich bitte nicht einschüchtern und nutze die Chance, Deine Bedürfnisse frei auszusprechen.

Trau Dich und erlaube Dir, wieder Großes zu wagen. Sei mutig. Reiche Deinem Gegenüber als Erste die Hand, trau Dich, im Seminar eine Frage zu stellen, erlaube Dir, beim Sex Deine Wünsche zu äußern, sag Deinen Freunden, wie sehr Du sie magst … Zeige Dich so, wie Du bist.

Übrigens, Brené Brown hat ein Buch geschrieben: *Verletzlichkeit macht stark.*

HINGABE AN DAS LEBEN

Viele Menschen denken bei dem Wort *Hingabe* zuerst einmal an Sex. Wenn Du in Suchmaschinen *Hingabe* eingibst, erscheinen auch dort zunächst einmal Artikel über Sexualität und Leidenschaft. Erst danach kommt die Hingabe in Yoga-Artikeln oder die Hingabe an das Göttliche.

Doch wie ist es, wenn Du etwas mit absoluter Begeisterung tust? Ich persönlich liebe es, zu gärtnern. Sobald die ersten Sonnenstrahlen kommen, gehe ich mit Hingabe in den Garten. Ich liebe es, in der Erde zu wühlen und mit meinen Pflanzen und deren Devas zu reden. Genauso gerne schreibe ich mit Hingabe und ich kann in vollkommener Hingabe einen Sonnenuntergang am Meer bewundern.

Hingabe hat in meiner Welt viel mit Lust, mit Passion, mit Loslassen und mit Vertrauen zu tun. Ich kann mich in eine Situation vollkommen hineingeben. Ich bin einfach nur.

Vor allem von Frauen höre ich, dass sie sich nicht gut hingeben können. Sie beziehen dies nicht nur auf Sex, sondern auf alles andere in ihrem Leben. Irgendwie haben sie das Gefühl, immer alles unter Kontrolle haben zu müssen, erst dann fühlen sie sich wohl.

Wer sich nicht hingeben kann (aber dies gerne möchte), der sollte sich zunächst einmal fragen, was ihn zurückhält. Wird ihm das bewusst (meistens ist es die Angst davor, die Kontrolle aufzugeben), dann kann man sich mit diesem Grund auseinandersetzen. Wenn uns unsere Angst vor der Hingabe bewusst wird, dann können wir auch ganz spielerisch damit beginnen, uns auf die Hingabe im Kleinen einzulassen.

Hingabe kommt aus dem Herzen und ist keine Verstandesentscheidung. Daher hilft es auch nicht, wenn in Ratgebern steht, dass man den Kopf ausschalten soll. Wie soll ich denn meinen Kopf, meine Kontrollinstanz ausschalten, wenn ich Angst habe? Das kann nur schiefgehen. Es funktioniert auch nicht. Auch hier gilt: Wir müssen uns auf die Schliche kommen. Wir dürfen der Angst vor Kontrollverlust erst einmal erlauben, da zu sein. Heiße sie willkommen in Deinem Leben, denn sie ist ein wertvoller und wichtiger Teil Deiner Persönlichkeit. Du musst sie nicht bekämpfen. Schließe Freundschaft mit ihr, indem Du ihr erlaubst, so zu sein, wie sie ist, nämlich vorsichtig. Gemeinsam könnt ihr beide (Deine Angst vor Kontrollverlust und Dein Bewusstsein) dann Schritt für Schritt ein wenig mutiger werden. Wenn Du der Angst versprichst, sie nicht zu übergehen, wird sie sich langsam entspannen. Dies ist wirklich ein langer Prozess, doch er gelingt, wenn Du die Bereitschaft hast, es schaffen zu wollen.

Probiere Deine Hingabe an kleinen Dingen und beobachte Dich und Deine Gedanken. Du wirst sehen: Je sicherer Du mit Dir selbst wirst, desto kleiner wird die Angst und umso größer wird Deine Hingabe. Eines Tages stellst Du dann erstaunt fest: *Wow, jetzt war ich zwei Stunden hingebungsvoll beschäftigt und habe gar nicht gemerkt, wie die Zeit verflogen ist.*

Wenn Du das richtig gut kannst, traue Dich an den nächsten Schritt heran und übe die Hingabe in Deiner Partnerschaft. Wie fühlt es sich an, sich dem Partner vertrauensvoll hinzugeben? Schenke ihm Dein Vertrauen und erzähle ihm von Deinen Ängsten oder Bedenken. Vielleicht hast Du Angst, Dich in der Partnerschaft zu verlieren, vielleicht hast Du Angst, als Geliebte zu versagen, vielleicht hast Du Angst, keine Erektion zu bekommen …
In der Sexualität und in der Intimität sind unglaublich viele Hemmungen und viel Scham angestaut. Dies gilt es behutsam zu lösen.

Frage Dich also:
Was hemmt mich?
Habe ich schlechte Erfahrungen gemacht?
Was würde mir helfen, mich zu öffnen, um wieder Vertrauen und Mut zu schöpfen?

Dann möchte ich auch noch kurz über die Hingabe an das Leben bzw. an Gott schreiben: Was bedeutet das?

Für mich heißt es, mein Leben in Gottes Hände zu geben, dem Leben voll und ganz zu vertrauen. Für mich ist es die tiefe Gewissheit, dass alles in diesem Leben göttlich ist und das alles seinen Sinn hat, auch wenn ich ihn manchmal nicht verstehen kann.

Traust Du Dich schon, Dich hinzugeben?
In welchen Bereichen bist Du schon mutig und wo hast Du noch Hemmschwellen?
Was bedeutet es für Dich, dem Leben oder Gott zu vertrauen und Dich ihnen hinzugeben?

_____

_____

_____

_____

_____

_____

VERTRAUEN

Vertrauen gehört zu den großen Prinzipien der Heilung. Chuck Spezzano lehrt uns: *Konflikte und Ängste sorgen dafür, dass wir feststecken und uns davor fürchten, den nächsten Schritt zu gehen. Vertrauen bewirkt, dass wir wieder in die richtige Richtung gehen. Unser Geist und unser Denken erschaffen immer die Welt, die wir erfahren. Vertrauen verwandelt negative Situationen, die Ausdruck unserer negativ verdrängten Gedanken sind, in positive Situationen. Vertrauen benutzt die Kraft unseres Geistes, um zu erkennen, dass alles sich zum Besten wenden wird.* Vertrauen arbeitet paradox, denn es bringt die negative Situation schrittweise zur Entfaltung und kehrt sie um, sodass das Endergebnis von Erfolg geprägt ist.

Vertrauen ist das Wissen, dass sich alles zum Besten wendet. Weder leugnet es Elemente der Situation, noch verbirgt es sie. Vertrauen fühlt sich federleicht an, wie ein barfüssiger Spaziergang über das taufrische Gras. Es macht sich keine Sorgen darüber, wie eine Situation sich entwickelt und in eine positive Richtung gelenkt wird. Auf jeden Schritt wendet es ganz einfach die Gewissheit des Vertrauens an, sodass ein Weg gefunden wird, der ungeachtet des äußeren Anscheins zu einem glücklichen Ende führt.

Vertrauen eint den Geist und befreit ihn vom Konflikt. Vertrauen bringt das Ego zum Verstummen. Vertrauen bejaht alles, was der Himmel uns anbietet, stärkt unser Selbstvertrauen und bekräftigt und erneuert das, was am besten für uns ist.

Ohne wahrhaftiges Vertrauen sind wir nicht in der Lage selbst zu heilen bzw. anderen den Impuls der Heilung zu setzen. Vertrauen ist somit die Grundvoraussetzung für Heilung. Ganz pragmatisch erklärt kann ich auch sagen: *Ich entscheide mich mit Herz und Seele zu vertrauen und erwarte das Beste für mich. Ich verschwende keinen weiteren Gedanken mehr daran, dass etwas schief gehen kann.*

Doch es reicht nicht, sich zu sagen: *Okay, dann vertraue ich mal ...* Im Gegenteil, dann passiert wahrscheinlich gar nichts. Es geht hier um Deine Entscheidung, um Deinen mentalen Einsatz. Hier musst Du Dich wirklich mit Deinem ganzen Sein entscheiden und sagen: *Ja, ich wähle den Weg des Vertrauens. Ich lege diese Angelegenheit in Gottes Hände oder in die Hände meines Höheren Selbst und erwarte einen guten Ausgang.*

Jeder Gedanke ist auch ein Wunsch. Daher achte bitte darauf, was Du denkst. Ich reise gerne und lerne gerne neue Menschen und neue Kulturen kennen. Wenn ich in Sicherheit und Vertrauen durch die Welt gehen will, egal wo ich gerade bin, ob im idyllischen Saarland, in Indien oder Bali, dann denke ich an Sicherheit. Ich bete und bitte um Beistand. In düsteren Bezirken oder wenn Menschen mich misstrauisch anschauen, stelle ich mir vor, dass ich ein Teil ihrer Gemeinschaft wäre. Ich glaube fest daran, dass jeder Mensch in seinem Herzen gut ist. Jeder Mensch, der in dieses Leben kommt, ist von Geburt an erst einmal Liebe. Keiner kommt als Bösewicht zur Welt. Unser aller Essenz ist Liebe. Gehe ich nun in die Welt hinaus und zeige den Menschen mein offenes Herz und denke an das, was uns verbindet, öffnen auch sie ihr Herz. Schaue ich sie misstrauisch an und habe Angst vor ihnen, dann fühle ich mich nicht sicher. Sie spüren meine Unsicherheit und begegnen mir ebenfalls misstrauisch.

Und was tust Du nun, wenn doch die bösen Gedanken und die Angst kommen? Ganz einfach: Stell dir wieder das Gegenteil vor. Wenn ich vergessen habe, das Fenster in der Praxis zu schließen und nun von der Angst gequält werde, dass in die Praxis eingestiegen wird, dann stelle ich mir das Gegenteil vor. Das Gegenteil ist Sicherheit. Vertrauen in das Leben, dass schon nichts passieren wird. Ich stelle einen Engel an das Fenster, stelle mir eine Alarmanlage im Fensterrahmen vor und dass ich morgen wieder hinkomme und alles in bester Ordnung ist.

Ich habe mich mit einem Onkologen unterhalten und ihm gesagt, dass ich absolut im Vertrauen bin, dass ich gesund sterben werde, also irgendwann eines Tages einen Herzinfarkt bekomme und weg bin ich. Er schaute mich ernst an und meinte: »Silvie, das ist die beste Krebsvorsorge. Menschen, die sich ständig Sorgen machen und Ängste haben, dass sie an Krebs erkranken würden, sind viel häufiger davon betroffen.« Im Umkehrschluss bedeutet das: Wenn ich vertraue, dass sich eine Krankheit zum Guten entwickelt, oder wenn ich vertraue, dass ich gesund bin und bleibe, dann ziehe ich auch die Gesundheit bzw. die schnellere Heilung an.

Verstehst Du? Es ist eine Frage der Schwingung, die Du aussendest. Angst schwingt sehr tief und zieht Angst an. Vertrauen schwingt sehr hoch und zieht all das an, was ebenfalls hochschwingt. Es sind die Resonanzen, die wirken, je nachdem wie Du schwingst bzw. wie Du denkst. Deine Gedanken haben wiederum eine Auswirkung auf Deine Schwingung und so greift alles ineinander wie bei einem Zahnrad. Du ziehst das an, was Deinem Schwingungslevel entspricht. Doch wo dieser Level ist, das entscheidest Du mit Deinem Denken.

Dass dies wirklich und wahrhaftig funktioniert,

durfte ich im jungen Alter von 13 Jahren erfahren. Ich hatte eine Ordensschwester als Mentor. Durch ihre Begleitung konnte ich eine lebensbedrohliche Erkrankung in Heilung umwandeln.

Ich höre nicht auf, in meinen Seminaren daran zu erinnern, dass Eltern aufhören sollen, sich um ihre Kinder Sorgen zu machen. Eigentlich müssten sie sich Sorgen um die eigenen Sorgen machen. Denn Sorgen bilden Elementale, die wiederum genau das anziehen, was wir unbedingt vermeiden möchten. Sorgen sind eine negative mentale Programmierung, es kommt dann genau das in unser Leben, worüber wir uns sorgen. Gedanken bilden Elementale und ziehen Deine Schwingung nach unten, sodass die Sorgen Realität werden. Erkennst Du nun, wie Du mittels Deiner Angst und Deiner Sorgen die Qualität Deines Lebens selbst verändern kannst? Man könnte auch sagen, Du stellst Deinen Regler von *einfach* auf *hart*. Gedanken des Vertrauens, des Fallenlassens, der Liebe, der Zuversicht, des In-sich-Ruhens können das Leben einfacher machen.
Daher entscheide Dich mit Deinem ganzen Sein für ein Leben im Vertrauen und lass los.

LOSLASSEN

Wie oft hörte ich den Satz: *Silvie, Du willst nicht loslassen ...* Kennst Du diesen Satz auch? Hast Du auch schon von Deinen Freunden diesen klugen Ratschlag bekommen? Wie oft hast Du schon gehört: *Lass doch einfach mal los* oder *Du musst loslassen, sonst wird das ja nie was* oder *Lass doch endlich los!* Hat Dir jemand von diesen klugen Ratgebern auch gesagt, wie Du das machen sollst? Lass mich raten: Nein, keiner.

Genauso erging es mir. Ich bekam die guten Ratschläge, ich solle loslassen, doch keiner gab mir die Anleitung, wie ich es tun könnte. Aber wie kann ich denn loslassen?

Ich hatte einen wunderschönen, klugen und sehr eigenwilligen schwarzen Labrador namens D'Artagnan. Wie glaubst Du, hat der Hund reagiert, wenn ich ihm sein Stöckchen, das ich ihm vorher hingeworfen hatte, wieder abnehmen wollte? Genau, er hat sich in sein Stöckchen regelrecht verbissen: *Das ist jetzt mein Stöckchen.* Ich musste ihn entweder mit einem Leckerli bestechen oder wirklich intensiv auf ihn einreden, damit er sein Stöckchen losließ. Genauso habe ich es auch schon mit mir selbst und mit Klienten erlebt. Überlege mal bitte mit mir gemeinsam, wie oft Du Dich schon in eine Erfahrung, in der

Du Dich gekränkt oder verletzt gefühlt hast, verbissen hast? Du trägst diese Last tagein, tagaus mit Dir und Du kannst die Sache einfach nicht loslassen bzw. nicht auf sich beruhen lassen. Du trägst sie, wie schwere Steine in einem Rucksack, dem anderen nach. Möglicherweise verspannen sich Deine Schultern, Du hast Kopf- und Nackenschmerzen, vielleicht ist auch Dein Herz schwer, doch Du lässt nicht los.

Schauen wir uns doch gemeinsam an, was Loslassen bedeutet, was beim Loslassen passiert und wie wir es in die Praxis umsetzen können. Du erfährst hier, wie Du das Loslassen lernen kannst.

Beginnen wir damit, was passiert, wenn Du nicht loslässt: Das dazugehörige Gefühl kennst Du wahrscheinlich bestens. Wenn Du nicht loslässt, heißt das, Du bist noch sehr verbissen in der Situation oder Du verharrst in einer Situation, die Dir körperlich oder seelisch oder emotional schadet, die Deine Gesundheit beeinflusst, die Dich energetisch schwächt und die Dich vor allem daran hindert, Dein volles Potenzial, alle Deine Fähigkeiten auszuleben. Du kannst wahrhaftig krank werden. Wenn Klienten mir von folgenden Symptomen berichten (muskuläre und emotionale Anspannung, Schlafstörungen, Konzentrations- und Merkfähigkeitsstörungen, Gedankenkreisen, Suchtprobleme, Atemnot, Panikatta-cken, Wut- und Hassgefühle, Migräne, Depressio-nen), dann frage ich oft, wen oder was sie nicht los-lassen möchten.

Menschen lassen nicht los

- in der Trauer um ihren verstorbenen Partner, Va-ter, Mutter, Kind,
- in der Verzweiflung, weil der Partner sie verlas-sen hat,
- in Schuldgefühlen wegen eines Fehlers, den sie sich vorwerfen,
- in verletzten Gefühlen, die sie anderen vorwer-fen,
- im Hadern um nicht wahrgenommene Chancen,
- im Hadern, dass alles so ungerecht ist,
- im Hadern wegen einer Erkrankung,
- in krankmachenden Verhaltensmustern wie Auf-opferung, sich Sorgen machen, sich kleinma-chen oder zu Suchtmitteln greifen,
- in einer Partnerschaft, in der sie bleiben, obwohl der Partner sie schlägt, missachtet oder tyranni-siert,
- an einem Arbeitsplatz, an dem es ihnen nicht gut geht
- und, und, und …

Als es mir vor vielen Jahren sehr schwerfiel, eine Partnerschaft loszulassen, holte ich mir Hilfe bei meinem Lehrer, Jeff Allen in London. Er sandte mir eine ganz einfache E-Mail mit ungefähr diesen Worten: *Liebe Silvie, Du hattest einen Traum von einer Partnerschaft mit diesem Mann. Nun kannst Du aber Deinen Traum von einer Partnerschaft mit diesem Mann nicht leben, da er dazu nicht in der Lage ist. Also entscheide Dich bitte, Deinen Traum loszulassen, und lasse ihn in Liebe gehen. Er ist, wie er ist, und Du bist, wie Du bist. Entscheide Dich, einen neuen, einen schöneren Traum zu träumen und ihn in Dein Leben zu ziehen.*

Im ersten Moment dachte ich: *Hm, das soll alles sein?* Ja, das war wirklich alles. Loslassen heißt nämlich, die neue Situation annehmen zu können.

Wir haben immer Angst vor dem Loslassen, da es uns in eine neue Lebenssituation hineinkatapultiert und wir noch nicht wissen oder erahnen können, ob diese nun gut oder schlecht für uns ist. Doch wenn Du Dir vorstellst, dass direkt im Anschluss etwas Neues (in diesem Fall natürlich etwas viel Besseres) entsteht, dann fällt es Dir leichter.

Vielleicht magst Du ganz aktiv mal aufschreiben, was Du loslassen möchtest. Wenn Dein Blatt dann fertig ist, geh mit ihm zum Wasser und übergebe es dem Fluss des Lebens. Viele raten auch, dieses Blatt zu verbrennen, doch für mich ist Feuer eine zu starke Energie, ich ziehe das Wasser vor.

Wenn Du Deinen Loslasszettel dem Wasser übergeben hast, dann nimm bitte ein zweites Blatt und notiere Dir, was Du gerne in Deinem Leben haben möchtest. Notiere Dir alle Details. Wenn Du fertig bist, übergib dieses Blatt Mutter Erde. Vergrabe es in Deinen Garten oder mit Samen in einem Blumentopf. Du kannst dann zusehen, wie Dein neues Sein wächst und immer mehr in Dein Leben kommt.

Wenn Du einen Partner loslassen möchtest, der gestorben ist, dann tut das sehr weh. Dein Herz ist voller Trauer und das ist auch gut so. Die Trauer soll gelebt werden. Doch irgendwann beginnst Du, die ersten Kleider und Schuhe von ihm herzugeben.

Loslassen zu können heißt, ich entscheide mich dafür, ein Ereignis oder eine Situation genau so anzunehmen, wie sie ist. Im Prinzip beginnt mit dem Annehmen, mit dem Akzeptieren der erste Heilungsschritt hin zum Loslassen. Mit meiner Entscheidung, meiner Bereitschaft, das zu akzeptieren, was gerade ist, auch wenn es meinem Wünschen und Träumen widerspricht, begebe ich mich auf den Weg des Loslassens.

Loslassen kann aber auch bedeuten, dass ich mich aus einer unguten, mich schädigenden Situation befreie, wie ich es damals mit meiner Partnerschaft tat. Genauso kann es Dir in einem Job ergehen oder mit Zielen, die Dir einfach nicht guttun.

Achte auf Dein Herz und Deine Gefühle. Wenn Du oft traurig, niedergeschlagen oder demotiviert bist, solltest Du ernsthaft darüber nachdenken, ob Dein Leben Dir Flügel schenkt oder ob Du sie Dir von außen stutzen lässt.

Loslassen können ist rein logisch gesehen eine reine *Kopfsache*. Wenn wir loslassen, entscheiden wir uns mit unserem Kopf, sprich mit unserem Verstand und unserem Bewusstsein, also unserem bewussten Sein, das belastende Ereignis nicht mehr haben zu wollen und uns davon zu distanzieren bzw. uns davon zu trennen. Unser Blick geht von der belastenden Situation, die uns leiden lässt, nach vorne zu neuen Taten, neuen Abenteuern des Lebens und zu neuen Träumen.

Und auch hier gilt wie in allen Bereichen unseres Lebens, dass die Energie der Aufmerksamkeit folgt. Lenke ich meine Aufmerksamkeit, meinen Blick auf das Neue, auf das Gute im Leben, dann ziehe ich durch die Gedankenkraft auch das Gute an.

Doch gehen wir zurück zu dem Prozess des Loslassens. Wenn Du die Entscheidung getroffen hast loszulassen – den unguten Job zu kündigen, den Partner zu verlassen –, dann kommen die unterschiedlichsten Gefühle in Dir zum Vorschein. Du fühlst Trauer, Wut, Ohnmacht, Leere, Verzweiflung, Angst, Kränkung, Neid, Missgunst … Du wirst ein paar Tage, manchmal auch Wochen in diesen Gefühlen hängen. Doch irgendwann wirst Du morgens wach und es hat sich etwas über Nacht verändert: Du kannst plötzlich die Situation akzeptieren. Vielleicht sagst Du Dir: *Okay, ich akzeptiere die Trennung. Mir gefällt es nicht, wie es geschah, mir gefällt es auch nicht, alleine zu sein, doch ich werde nun nach vorne schauen und mein Leben wird eine andere Wende nehmen. Ich vertraue auf mein Herz und meine Intuition.*

Weißt Du, es ist wirklich so, dass uns diese unguten Situationen nicht nur seelisch schaden, unser Energielevel in den Keller lenken, sondern sie schaden uns auch körperlich. Wenn ich bei Menschen, die sehr in der Trauer oder in den Sorgen feststecken, die Pulse höre, dann gibt es oft Stagnationen im Körper, Stellen, an denen der Energiefluss unterbrochen ist. Und auch im Energiefeld sind die Trauer, die Wut, die Ohnmacht und die Angst abgebildet. Wenn ich mit diesen Menschen arbeite und sie langsam wieder das Vertrauen bekommen, dass es eine Lösung für ihr Dilemma gibt, dann verändert sich augenblicklich ihr Energiefeld. Das ist sofort wahrnehmbar. Die Schwingungsfrequenz steigt und der Mensch fühlt sich sofort besser.

Es gehört zum Erwachsensein dazu, dass wir akzeptieren, dass die Dinge im Leben nicht immer so laufen, wie wir es gerne hätten. Es ist auch wichtig, zu wissen, dass die Weltengemeinschaft nicht immer gerecht agiert und dass selbst die Menschen, die uns nahe sind, sich nicht immer so verhalten, wie wir es gerne hätten.

Loslassen heißt nicht, dass wir alles vom anderen gutheißen oder dass wir verlieren, klein beigeben oder kapitulieren. Loslassen bedeutet für mich, dass ich es mir wert bin, dass ich ein gutes, gesundes und glückliches Leben habe, mit Menschen, die mir guttun, und mit einem Job, der mir Freude macht oder noch besser: der mein Herz zum Schwingen bringt.

Fassen wir noch mal zusammen:

Loslassen beginnt in Deinem Kopf, durch Deine Entscheidung, den Widerstand gegen die Situation aufzugeben, durch Deine Bereitschaft die ungute Situation loszulassen und die neue Situation mit Freude und Neugier willkommen zu heißen. Durch diese Entscheidung entstehen Gefühle, die anfangs ganz schön heftig sein können, doch Du hast die Macht, Deine Gefühle zu beeinflussen, indem Du Deinen Blick nach vorne oder auf schöne Gedanken lenkst, denn, die Energie folgt der Aufmerksamkeit. Das was Du denkst, wird sich in Deinen Gefühlen widerspiegeln. Du kannst Dich entscheiden, alles was ist in Liebe und Zuversicht anzunehmen und sofort veränderst Du Deine Schwingungsfrequenz und es geht Dir besser.

Loslassen bedeutet nicht, klein beizugeben oder zu versagen.

Freue Dich auf ein neues, schöneres und glücklicheres Leben. Hole Dir Unterstützung, wenn Du merkst, dass Du es alleine nicht schaffst und dabei bist, in Dein altes ungutes Muster zurückzukehren.

Bitte glaube mir: Wenn Du gerade etwas losgelassen hast, wird es zunächst wehtun, Du wirst Dich schlecht fühlen und Du glaubst, Du verlierst etwas, von dem Du überzeugt bist, es zu brauchen oder unbedingt tun zu müssen. Es entsteht ein tiefes dunkles Loch, dass Dir Angst macht, vielleicht auch ein Gefühl von Leere. Doch wenn Du die ersten Tage Deines Schmerzes überstanden hast, wirst Du mit Geschenken belohnt, die Du Dir kaum vorstellen kannst. Sie heißen *Freude, Freiheit, Erleichterung, Selbstvertrauen, Lebensenergie* und *Leichtigkeit,* vielleicht sogar auch *Achtung, Respekt* und *Selbstliebe.* Und weißt Du, was noch sehr schön ist? Diese guten Gefühle füllen dann Dein Loch, die Leere, die Du noch vor Tagen gespürt hast.

Von Klienten höre ich oft den Satz: *Warum habe ich so lange gewartet? Das hätte ich schon viel früher machen sollen!*

Alles im Leben hat einen Sinn. Und dort, wo eine Tür zugeht, öffnet sich eine andere. Möglicherweise bist Du heute davon überzeugt, dass dieser Partner, von dem Du Dich jetzt trennst, oder genau dieser Job, den Du jetzt nicht bekommen hast, Deine große Chance im Leben gewesen wäre. Aber er war sicher nicht Deine einzige. Gehe in Dich und vertraue darauf, dass das Leben Dir immer wieder gute Gelegenheiten schenkt. In absehbarer Zeit ergeben sich neue Möglichkeiten, die dann vielleicht viel passender für Dich sind.

Loslassen braucht Zeit. Wer sich wochen- oder gar jahrelang immer im gleichen Gedankenkarussell gedreht hat, der wird es nicht von heute auf morgen abstellen können. Setz Dich nicht unter Druck. Gib Dir Zeit. *Wer loslässt, hat zwei Hände frei,* heißt es in Asien. Das heißt, mit jedem Stück, das man aufgibt, ergeben sich auch neue Möglichkeiten, etwas anzupacken.

In meiner Ausbildung nach Chuck Spezzano und Jeff Allen verriet uns die Trainerin einen *Loslassbeschleuniger*: »Wenn es wehtut, wenn es uns vielleicht sogar das Herz bricht oder wenn es einfach nur schwerfällt, zieht sich unser Herz zusammen und wird eng. Es fühlt sich an, als ob uns etwas wider unseren Willen genommen oder angetan wird oder wurde. Und das tut weh. Diese Gefühle können ewig anhalten, wenn wir nicht loslassen, und sie halten gleichzeitig auch unser Leben an. Doch in diesen Momenten kannst Du Dein Erleben verwandeln, indem Du den Ort, die Situation oder Person segnest. Wünsche ihr oder ihm von Herzen das Beste, respektiere ihren Weg, danke ihr und schicke ihr all Deine Liebe. Lieben öffnet Dein Herz. Und es heilt Deinen Schmerz. Schicke Deine Liebe so lange, bis Du nur noch Liebe fühlst. Festhalten und vermissen machen dein Herz eng und das tut weh, deshalb ist es keine echte Liebe. Echte Liebe befreit und beflügelt, sie macht dich frei, während du dich weiterhin verbunden fühlst. Daran kannst du sie erkennen.«
Wenn Du mehr darüber lernen willst, empfehle ich das Buch *Wenn es verletzt, ist es keine Liebe* von Chuck Spezzano.

Das ist für mich das Heilungsprinzip des Loslassens in Aktion: Zum einen müssen wir dahingehend ehrlich zu uns sein, wie wir uns fühlen. Es ist okay, zu vermissen oder sogar zu trauern, doch gleichzeitig bleibe nicht darin stecken, sondern liebe, segne und danke, bis der Schmerz vollständig verwandelt ist und Du nur noch Liebe und Dankbarkeit fühlst. Und wenn die nächste Schicht auftaucht, der nächste Schmerz hochkommt, segne wieder, danke und liebe, bis nur noch das übrig ist.

Die Liebesenergie heilt und erhöht Deine persönliche Schwingungsfrequenz, sodass Du auch automatisch liebevollere, heilsamere Situationen in Dein Leben ziehst.

Wenn wir eines Tages unser göttliches Sein in uns selbst entdeckt haben, brauchen wir keine anderen Menschen, keine Lehrer, keine Rollen oder Prinzipien mehr, um uns daran festzuhalten. Dann können wir von Herzen loslassen und uns im Sein zu Hause fühlen. Erst dann spüren wir, dass wir Flügel haben, dass sich das Leben wieder leicht leben lässt.

- Was möchtest Du loslassen?
- Wann möchtest Du beginnen?
- Was soll an Stelle der Leere in Dein Leben kommen?

VERZEIHEN MACHT GLÜCKLICH

Lieben uns die Frauen, so verzeihen sie uns alles, selbst unsere Vergehen; lieben sie uns nicht, so verzeihen sie uns nichts, selbst unsere Tugenden nicht.

Honoré de Balzac

Hast Du jemals gesagt oder gedacht: *Das werde ich dir nie verzeihen!* Das ist einer der härtesten Sätze, die es gibt, und einer der schmerzvollsten. Er hinterlässt den Schmerz nicht nur bei dem Menschen, dem nicht verziehen werden kann, sondern vor allem auch bei der Person, die nicht verzeiht.

Nicht verzeihen zu können und dem anderen oder sich selbst diese schwere Last nachzutragen ist, als ob ich einen schweren Stein in einem Rucksack Tag und Nacht mit mir herumschleppen würde.

Um Verzeihung zu bitten oder sich zu versöhnen fällt einigen Menschen ganz schön schwer. Sich selbst zu verzeihen noch viel mehr. Man fühlt sich meist hundeelend, wenn man im Streit auseinandergeht, Leid zugefügt hat oder zugefügt bekam. Es ist dabei ganz unbedeutend, wo das Leid entstanden ist, sei es in der Familie, unter Freunden oder im Beruf. Verzeihen bedeutet für viele zuerst einmal Schwerstarbeit und es erfordert Zeit, das Erlebte für sich zu verarbeiten. Manche Menschen schwelgen tagelang in Selbstmitleid, andere erarbeiten gedanklich voller Wut einen fiesen Plan oder hegen Rachegedanken, was auf Dauer ziemlich ungesund und energetisch gesehen eine Katastrophe ist, da auch hier wieder Gedankenelementale gebildet werden.

Hass- und Rachegedanken können uns förmlich das Leben schwermachen und belasten vor allem unseren Leber-Galle-Trakt.

In der Huna-Philosophie der hawaiianischen Kahunas gibt es eine besondere Art von Verzeihensarbeit. Sie heißt *Ho óponopono* und bedeutet übersetzt *etwas richtig, richtig gut machen* oder freier übersetzt *die göttliche Ordnung wieder herstellen*.

Hat also jemand in der eigenen oder in einer anderen Familie ein Problem, so wird das als Problem aller angesehen. In unserer modernen Gesellschaft sind wir gewohnt uns von der Familie zu trennen. Die Hawaiianer sehen das völlig anders. Sie gehen davon aus, dass wir alle eins sind mit allem, was um uns herum existiert. Es gibt keine Trennung: *Du bist ein anderer Teil von mir – ich bin ein anderer Teil von dir. Was dir geschieht, geschieht auch mir. Dein Problem ist unser Problem, da wir auf allen Ebenen miteinander verbunden sind.* Aus dieser Haltung übernehmen die Hawaiianer Verantwortung für sich, für ihr Handeln in der Familie und für ihre

Probleme und Konflikte, die im täglichen Umgang miteinander entstehen.

Verzeihen ist manchmal schwer, doch niemals unmöglich. Verzeihen heißt auch nicht, dass ich gutheiße, was ich getan habe oder was mir angetan wurde. Es bedeutet vielmehr, dass ich mich entscheide, diesen schweren Stein wieder aus meinem Rucksack herauszunehmen und loszulassen.
Indem ich mir oder einem anderen Menschen verzeihe, erhöhe ich meine eigene Energieschwingung und es geht mir gleich wieder besser. Ich erhalte wieder einen Zugang zu meinem Herzen und somit zu meinem Sein.

Ich weiß, dass viele Menschen, wenn sie von jemandem verletzt, hintergangen, ausgenutzt oder anderweitig enttäuscht und missbraucht wurden, wollen, dass diese Person ihren Schmerz spüren soll, indem sie ihr nicht verzeihen. Verzeihen würde für viele so etwas wie *Absolution erteilen* oder aber auch *klein beigeben* bedeuten und genau das wollen wir nicht. Der andere soll auch leiden so wie wir.
Ist es Dir schon mal passiert, dass Dir jemand etwas nicht verziehen hat? Wie hast Du Dich gefühlt? Elendig oder? Mir ist es passiert, dass ich einem Mann sagte: »Was du mir angetan hast, das werde

ich dir niemals verzeihen. So lange ich lebe, werde ich dir das niemals verzeihen.« Ich stand da, fühlte mich schwer und traurig, die Gefühle wirbelten in meinem Herzen und die Gedanken zermarterten meinen Kopf. Doch der Mann, dem ich das an den Kopf geworfen hatte, litt ebenso, denn Schuldgefühle nagten an seinem Sein und er hätte alles dafür gegeben, seine Tat rückgängig zu machen.

Damals fiel mir das Buch *Die Botschaft der Kahunas* in die Hände und ich lernte, dass ich mich mit diesem Mann aussöhnen konnte. Ich lernte zu verstehen, dass jeder an einem Geschehen seinen Anteil hat. Im ersten Moment gefiel mir das ja ganz und gar nicht und es fiel mir fast ein Zacken aus dem Krönchen, doch dann lernte ich, dass alles, ausnahmslos alles, was uns in diesem Leben widerfährt, einen Sinn hat. Ich kaufte dieses Buch nochmals und schenkte es dem Mann, der mich so verletzt hatte. Was dann geschah, war für mich ein Wunder: Er kam auf mich zu, bat mich um Verzeihung und sagte mir, wie schlecht es ihm selbst damit ergangen sei. Er sah ein, dass er einen sehr großen Fehler begangen hatte und wir beide besprachen die Situation ruhig und mit dem Wissen, dass wir beide einen Anteil daran hatten.

Du siehst: Wenn wir verzeihen können, kann daraus etwas ganz Wundervolles entstehen; dann können

Wunden heilen. Heute ist dieser Mann immer noch mein Freund.

Dann gibt es aber auch noch Menschen, denen es mehr oder weniger egal ist, ob wir ihnen verzeihen oder nicht, sie sind sich keiner Schuld bewusst oder haben nicht einmal mitbekommen, was sie dem anderen angetan haben. Sie sind ziemlich von ihrem Leben oder ihrem Sein abgeschnitten und Du kommst überhaupt nicht an sie heran, weder mit Hass, noch mit Wut, noch mit Beschimpfungen. Sie sind einfach für Dich nicht erreichbar. Wenn Du Dich in diese Gefühle hineinsteigerst, geht das mitunter bis zur Ohnmacht. Du fühlst Dich so wütend, so verletzt, so klein und es gibt keine Möglichkeit, dies dem anderen heimzuzahlen. Und so sehr wir genau diese Menschen treffen wollen, so wenig können wir das, indem wir ihnen nicht verzeihen. Dem einzigen, dem Du damit Schmerzen zufügst, bist Du selbst, denn dem anderen bist Du nicht wichtig genug. Du kannst diesen Menschen nicht verletzen, sondern nur Dich selbst.

Lerne also zu verzeihen. Es ist vor allem für Dich selbst wichtig. In dem einen Fall ermöglicht uns das Verzeihen, ein neues Miteinander zu entwickeln, Freude und Freundschaft bleiben erhalten. Im anderen Fall ist das der einzige Weg, um uns von dem

Einfluss, den die Person auf uns hat, zu lösen. In beiden Fällen entlassen wir den Stein aus unserem Rucksack und unser Leben wird wieder leichter. Wir können wieder schlafen, können wieder fröhlich sein und lachen.

Für unseren Körper, unsere Seele und die Ruhe unseres Geistes ist es enorm wichtig, verzeihen zu können. Denn nur wenn wir verzeihen können, können wir auch alte Verletzungen hinter uns lassen. Wenn wir nicht verzeihen können, reißen wir selbst unsere Wunden immer wieder aufs Neue auf. Sie können nie heilen und verursachen immer wieder neuen Schmerz, selbst wenn die eigentliche Verletzung schon lange, lange Zeit zurückliegt. Wer verletzt wurde, hat den Fokus vor allem bei dem, der verletzt hat. Die Tat überlagert all unsere Gefühle und wir nehmen nichts anderes mehr wahr. Aber oft liegt die Lösung eines Problems nicht da, wohin wir automatisch schauen, sondern woanders. Wir haben immer unseren Anteil daran, auch wenn es manchmal schwer ist, diesen Anteil zu finden.

Noch ein neuer Gedankengang zu dem Thema:
Jemand hat Dich ganz tief verletzt. Du möchtest ihm verzeihen, weil Du instinktiv oder aus Büchern weißt, dass es gut für Dich wäre, mit diesem Men-

schen wahrhaftig Frieden zu schließen. Die Gründe, warum Du das möchtest, können vielfältig sein, dennoch ist ein Teil in Dir, der blockiert und *Nein* sagt. Und genau diese Tatsache, dass wir unfähig sind, zu verzeihen, werfen wir uns nun auch noch vor. Das verstärkt den Schmerz um ein Vielfaches, weil wir zu unserer eigenen Verletzung uns nun auch noch selbst fertigmachen.

Du trägst praktisch den Stein in doppelter Form im Rucksack: einmal für Dich und einmal für den anderen. Würdest Du an dieser Stelle einfach annehmen, dass Du noch nicht bereit bist, zu verzeihen, also Dein Nicht-verzeihen-Wollen annehmen, dann würde sich Dein Gefühl ändern und das wäre der erste Schritt zur Heilung. Dieses Ja-Sagen zu Dir selbst öffnet Dir die Tür zu einem neuen Umgang mit Deiner Verletzung, mit Deinem Schmerz. Solange Du aber mit Dir selbst kämpfst (was viele meiner Klienten tun!) und Dir übel nimmst, dass Du nicht verzeihen willst oder kannst, führst Du einen inneren Kampf, den Du niemals gewinnen kannst.

Angst Ade

Ich bin ein absoluter Freund der Passionsblume. Sie sieht nicht nur wunderschön aus, ihr Tee löst auch noch Angstzustände, ist krampflösend und hilft beim Schlafen:
Einen gehäuften Teelöffel Passionsblumentee 8–12 Minuten ziehen lassen und dann trinken. 30 Minuten vor dem Schlafengehen fördert dieser Tee das Ein- und Durchschlafen.

Außerdem kannst Du Dir eine Tee-Mischung aus den folgenden Zutaten zubereiten:

50 g echtes Labkraut
50 g Eisenkraut
50 g Thymian
50 g Dost

Wenn Du diese Kräuter in Deinem Garten hast, kannst Du Dir auch folgende Mischung ansetzen:

4 x Zitronenmelisse
1 x Borretsch (Blüten und Blätter)
1 x Kamille
1 x Zitronenverbene
1 x Johanniskraut

BEWUSSTSEINSENTWICKLUNG UND SCHWINGUNGSERHÖHUNG DURCH LICHTREBELLEN

Ich kam als Rebellin zur Welt und werde nicht müde, als Lichtrebellin weiter die Liebe Gottes unter die Menschen zu bringen.

Von den alten weisen Lehren und den Schriften, in denen viele wichtige Botschaften für die Menschheit festgehalten wurden, ist heute leider nur noch ein Bruchteil erhalten. Politische Bestrebungen und religiöse Machenschaften haben die von den alten Gelehrten überbrachten Wahrheiten gefiltert, gestrichen und verändert, sodass sie keinen Sinn mehr ergaben. Fanatismus und Extremismus taten das ihre dazu, um aus dem lebendigen Wissen nur noch leere Phrasen zu machen.

Viele Menschen trauen sich daher nicht, ihrer angeborenen Spiritualität zu vertrauen, und glauben lieber den Medien und dem, was die Allgemeinheit denkt. Nur ja nicht auffallen und immer schön mit dem Mainstream mitlaufen.

Doch Gott sei Dank ist das Universum intelligenter und mit Bewusstheit gesegnet, sodass die bestehenden Systeme immer wieder Gegenspieler – sogenannte *Lichtrebellen* erhalten.

Die Kinder, die heute auf die Erde kommen, haben ein anderes Bewusstsein, als wir es hatten. Viele der neugeborenen Kinder sind schon multidimensional veranlagt und die Hellsinne sind erwacht. Bei jedem neuen göttlichen Botschafter, der das Licht der Welt erblickt, wird das Programm seiner Mission, also sein Rucksack mit Wissen und Gaben, dem aktuellen Bewusstseinsstand der Erde angepasst. Da die Erde stetig die Schwingung erhöht, wird das menschliche Bewusstsein angepasst.

Auch wenn wir manchmal verzweifeln könnten, wenn wir die Nachrichten hören oder uns fragen, ob *die da oben* denn keinen Verstand mehr haben, so ist doch stets ein gewisses Wachstum in der Bewusstseinsentwicklung der Menschheit festzustellen, was es uns ermöglicht, neue Aspekte der göttlichen Gesetze auf die Erde zu bringen.

Mein geliebter Freund Jesus hatte einst den Auftrag, das Bewusstsein der Menschen auf Liebe, Aufrichtigkeit, Rücksichtnahme sowie Brüderlichkeit auszurichten.

Von einem befreundeten Priester erfuhr ich, dass Jesus 30 Jahre lang darauf vorbereitet wurde, so zu leben und zu unterrichten, wie er es in seinen drei letzten Lebensjahren tat. Wenn Du Dein Leben auf diesen Prinzipien errichtest, wirst Du ein Bewusstsein für die Einheit allen Lebens erfahren. Auch in den

Aufzeichnungen von Daskalos, dem zypriotischen Wahrheitsforscher, kannst Du nachlesen, dass, wenn Du Dich mit Jesus verbindest und die Prinzipien von Liebe, Brüderlichkeit und Rücksichtnahme lebst, Dein Leben viele Segnungen erhalten wird, da Du Dich der Einheit näherst.

Doch die Menschen fühlen sich leider erst verbunden, wenn schlimme Unglücke geschehen. Wenn der IS einen verheerenden Terroranschlag ausübt, wenn ein Hurrikan ein Land zerstört oder wenn eine Umweltkatastrophe geschieht – dann stehen wir zusammen. Und vielleicht noch bei einer Fußballweltmeisterschaft. Ansonsten kämpft jeder für sich, anstatt sich mit dem Nächsten zu verbinden.

Das göttliche Gesetz des Karmas (das Gesetz von Ursache und Wirkung) besagt, dass jede Handlung, die Du begehst, zu Dir selbst zurückkommt. Daher ist es klug und weise, wenn Du Dir Deine Handlungen vorher überlegst, statt plan- und ziellos zu agieren. Um Hass oder Rache brauchst Du Dir keine Gedanken zu machen, da der kosmische Ausgleich ohne Zweifel kommen wird. Außerdem wird der Mensch, der hasst, von innen heraus vom Hass aufgefressen. Auch wenn er es anfangs noch nicht spürt: Irgendwann wird sein Herz verhärtet sein.

Meine Oma pflegte zu sagen: »Alles was du aussäst, kommt irgendwann zu dir zurück.« Sie war eine weise liebevolle Dame und intuitiv kannte sie die alten Gesetze.

Ich gehe jetzt noch einen Schritt weiter mit Dir. Wenn Du wirklich Dein Dasein als Lichtwesen führen möchtest, so kommst Du nicht umhin, Dich mit den verschiedenen Körpern, die uns umgeben, auseinanderzusetzen. Wir haben nicht nur unseren sichtbaren physischen Körper, sondern werden umhüllt von mehreren anderen Schichten, die für Hellsichtige sichtbar sind. Man nennt dieses elektromagnetische oder auch *odische* Feld, dass den Körper umhüllt, die *Aura*.

Die Schichten darunter werden verschiedenen Körpern zugeordnet. So speichern wir zum Beispiel im *Emotionalkörper* alle unsere Gefühle und im *Mentalkörper* alle unsere Gedanken.

Gehen wir mal von der Annahme aus, dass alles, was Du jemals gefühlt hast, in Deinem Emotionalkörper gespeichert und somit für Hellsichtige ablesbar ist. Alles, was Du jemals gedacht hast, ist ebenso in Deinem Mentalkörper gespeichert. Über alle Inkarnationen hinaus, bleiben diese Informationen erhalten; wir haben leider über unser Alltagsbewusstsein keinen Zugang dazu. Wenn Du viel meditierst oder Bewusstseinsübungen machst, öffnet sich Dein Zugang und so kannst Du Verbindung zu Deiner geistigen Führung aufnehmen, zu den Aufgestiegenen Meistern oder Du bekommst Zugang zur *Akasha Chronik*. Die *Akasha Chronik* kann man auch als das *Weltengedächtnis* beschreiben oder salopp ausgedrückt als *Google des Universums*. Dort ist alles, was jemals war, aufgezeichnet und ablesbar, wenn man einen Zugang dazu hat.

Doch kommen wir zurück zu unseren Gefühlen: Alles was wir tun, alles was wir fühlen und denken, hinterlässt eine eindeutige und klare Spur in den für Dich noch unsichtbaren Ebenen. Wann immer Du Deine Aufmerksamkeit, Deine Energie auf etwas richtest, erschaffst Du damit eine Form, die sich mit Energie füllt. Diese Form ist für sehr hellsichtige Menschen, die diese feinstofflichen Ebenen wahrnehmen können, sichtbar. Jedes Mal, wenn Du Dich erneut auf einen Gedanken oder auf dasselbe Gefühl ausrichtest, gibst Du dieser Gedankenform erneut Energie und sie wird größer und größer. Auf diese Weise erschaffst Du Gedankenformen, die bereits erwähnten Elementale, die permanent ausstrahlen und ähnliche Energien anziehen.
Jede Energie hat eine eigene Schwingungsfrequenz. Lügen, Betrügen, Schlagen, Morden oder anderen

auf irgendeine Weise (auch verbal) Leid zufügen – all diese Energien haben eine niedrige Schwingungsfrequenz. Liebe, Dankbarkeit, Freude, Hilfsbereitschaft etc. haben eine hohe Schwingungsfrequenz. Richtest Du Deine Aufmerksamkeit auf die niederen Ebenen der Schwingung, dann hält Dich das Gesetz der Resonanz dort in diesen Bereichen fest. Orientierst Du Dich an höheren Schwingungen, so ziehst Du diese in Dein Leben.

So erschaffst Du Dir selbst Deine Umgebung und die Impulse und Gegebenheiten, die Dein Leben prägen.

Es ist eine ganz einfache Gleichung. Alles was ich an Energien in die Welt setze, wird automatisch in meine Welt eintreten. Daher achte auf Deine Worte, achte auf Deine Gedanken und achte auf Deine Gefühle.

Wenn Du Dich gedanklich kleinmachst, Dich selbst verbal erniedrigst, ziehst Du in Deinem Umfeld Situationen an, in denen andere Dich mobben, Dich verbal attackieren oder Dich vielleicht gar nicht sehen, Dich nicht wahrnehmen. Vielleicht bist Du unsichtbar für sie oder überflüssig. Und je mehr Du Dich darin verstrickst, umso elender ergeht es Dir in Deinem Leben. Die Situationen werden immer härter und schlimmer, bis Du verstehst und begreifst, dass Du es ändern kannst.

Die Abkürzung lautet *Liebe*. Je schneller Du in das Gefühl der Selbstliebe kommen kannst, umso schneller kannst Du alles Alte auflösen oder es wird bedeutungslos für Dich.

Anna Amaryllis schreibt in ihrem Buch über die Weiße Bruderschaft: *Wer gegen den göttlichen Fluss der Energien schwimmt, wird zu leiden haben. Wer mit der Strömung fließt, wird erfüllten Herzens vorankommen.* Sie möchte damit zum Ausdruck bringen, dass Jesus durch sein Sosein, durch seine Gnade und Liebe, durch seine Verbindung zu Gott Bewusstsein in das Leben der Menschen brachte. Egal wie schlimm ein Mensch gehandelt hat, wenn er es schafft, zur Liebe und zur Barmherzigkeit zurückzukehren, dann wird alles Leid transformiert.
Liebe hat die höchste Schwingung und wenn ich an jemanden in Liebe denke, geht dieser Gedanke noch schneller als in Lichtgeschwindigkeit an diese Person, an die ich denke. Wenn ich liebe, bin ich im Einheitsbewusstsein. Liebe hilft uns, krankmachende Glaubenssätze und Überzeugungen loszulassen. Liebe hilft uns, niedrigschwingende Elementale aufzulösen, die uns auszehren oder in Depressionen gefangenhalten.
Liebe und die göttliche Gnade bewirken Heilung auf allen Ebenen. Wir müssen nur darum bitten.

In Einzelsitzungen aber auch in unseren Seminaren erzählen wir unseren Teilnehmern, dass sich die krankmachenden Energieformen immer zuerst in den feinstofflichen Körpern zeigen und von außen nach innen, also vom Mental- oder Emotionalkörper in unseren physischen Körper wandern. Daher kann der Mensch nur Heilung erfahren, wenn eine entsprechende Gedanken- oder Gefühlsumkehr in ihm geschieht. Wenn also die destruktiven krankmachenden Energieformen aufgelöst werden, kann eine Heilung geschehen. Die Heilung verläuft dann von innen nach außen.

So bitte ich meine Klienten stets, zu fühlen, hinzuspüren, hinabzutauchen, um herauszufinden, woher das Symptom kommt, denn es ist als Erinnerung auf der zellulären Ebene eingeschlossen. Wenn wir nur an der Oberfläche arbeiten, kann zwar eine kurzfristige Besserung erfolgen, doch wahre Heilung kommt immer von innen.

Wenn jemand eine Krankheit hat und bittet um Heilung, so kann er in dem Maße Heilung erfahren, indem er Bewusstsein für seine Krankheit entwickelt und daraus lernt und in die Veränderung kommt. Er kann beten und bitten, dass sich seinem Geist erschließt, warum er diese Krankheit bekommen hat, welche Gedanken- bzw. Gefühle am Entstehen dieser Krankheit maßgeblich beteiligt waren.

In den 90er-Jahren kam die New Age Welle von Amerika rüber zu uns. Plötzlich waren viele Heilmethoden auf dem Markt, die versprachen, dass man nicht mehr in die Tiefe gehen müsse, dass man gar nicht mehr am Ursprung arbeiten brauche, sondern dass man ganz schnell mit einer Formel alles auflösen könne.

Ich musste oft schmunzeln und dachte: *Ja, wenn die Formel Liebe heißt, dann kann es gehen. Doch wie schaffe ich es, so schnell in die Liebe zu kommen, wenn tausend Schichten Altlasten auf meinem Herzen abgespeichert sind?*

Du siehst, es ist ein Weg. Er muss weder lang noch steinig noch schwierig sein, doch wir sind auch nicht über Nacht erleuchtet. Gehe ihn in Deinem Tempo, öffne Dein Herz für Dich und für die Liebe zu allem, was ist, und dann fühle, spüre und sei achtsam mit Deinen Gedanken, Worten und Taten.

Ich bete gerne für und mit meinen Klienten. Wir bitten um die Gnade der Erkenntnis und Heilung. Wir bitten darum, dass dieser Mensch geführt wird und dass er die Bereitschaft in sich findet, sein Verhalten, sein Denken, Fühlen und Tun zu verändern. Oftmals öffnet das gemeinsame Gebet die Herzen der Menschen und die ersten Tränen des Berührtseins fließen. Das ist ein heiliger Moment für mich, denn dies ist der Augenblick der Herzöffnung für die Heilung. Das Energiefeld der Menschen ändert sich dann und die Schwingungserhöhung ist deutlich spürbar.

Jesus hat uns ja versprochen: *Wenn zwei oder mehr in meinem Namen zusammen sind, bin ich mitten unter euch.* Das ist das, was dann in solch einem Moment erfahrbar wird. Jesus lässt uns nicht im Stich, er steht uns stets helfend und unterstützend zur Seite, wenn wir darum bitten. Er respektiert unseren freien Willen , daher liegt es an uns, um Heilung, um Erkenntnis oder um Vergebung zu bitten. Er ist der Letzte, der uns diese Bitte abschlagen würde. Jesus liebt uns und er freut sich mit uns, wenn er uns dienen und helfen kann.

Genauso ist es mit den Aufgestiegenen Meistern oder mit Sai Baba. Wenn wir sie bitten, können sie in Aktion treten und uns helfen. Doch erwarte bitte nicht, dass die Hilfe genau so aussehen wird, wie Du sie Dir vorstellst. Sie haben einfach einen größeren Überblick und wissen genau, was als Erstes zu tun ist. Das werden sie dann in die Wege leiten.

Als ich bei Sai Baba im Ashram war, sagte er uns: »Ich möchte nicht, dass ihr vor meinem Bild sitzt und mich anbetet und mich verehrt. Ich möchte, dass ihr Baba alle eure Sorgen, eure Wut, euren Ärger abgebt und dass ich euch so auf eurem Weg zur Heilung unterstützen kann.«

Überlege mal bitte mit mir, was passiert, wenn wir unsere Wut, unseren Ärger oder unsere Trauer an Sai Baba abgeben? Jaaa, unser Herz öffnet sich und die Liebe kann wieder fließen. Sie war vorher überschattet von den anderen Gefühlen. Und Liebe bewirkt Heilung. Ein liebender Geist kann viel schneller genesen als ein zorniger, rachsüchtiger Geist.

Wir alle können mit unserer Liebe im Herzen diese Welt zu einem besseren Ort machen. Dies ist kein Wunschdenken, sondern eine ganz einfache Gleichung. Je mehr Menschen in der Schwingung der Liebe unterwegs sind, desto höher schwingt die Erde und desto schneller lösen sich alle destruktiven Energien auf.

So lasst uns lieben.

FRIEDEN

Das letzte Kapitel dieses Buches möchte ich dem
Frieden widmen.

Natürlich sehe ich auch, was gerade in der Welt vor-
geht und es schmerzt mein Herz. Doch vielleicht
brauchen wir gerade einen großen Ruck, um wach
zu werden.

Energetisch ist mir wichtig, dass die Menschen zu
Für-Menschen werden und nicht zu Gegnern. Es ist
viel gesünder, für eine freie Gesellschaft, für fremde
Kulturen, für unsere Mutter Erde, für ein gutes
Klima zu sein als gegen Rassismus und gegen Tren-
nung zu demonstrieren.

Wenn Du Dich *für* das Gute, *für* die Liebe, *für* die
Freundschaft entscheidest, stärkst Du Dein Energiefeld und das globale morphogenetische Feld, in dem
alles, was wir denken, sagen, fühlen, gespeichert wird.

Die meisten Menschen wünschen sich Frieden auf
der Welt und für die Welt. Es ist Zeit, dass wir als
Menschheit verstehen, dass wir *für* die Erde verantwortlich sind. Wir als Bevölkerung sind diejenigen,
die die Veränderung *für* die Welt bringen müssen.
Wenn wir uns Frieden *für* die Welt wünschen, dann
müssen wir verstehen, dass äußerer Frieden zuerst
inneren Frieden voraussetzt. Indem wir also unser
Licht in uns leuchten lassen, Frieden schließen mit

den vielen kleinen Dingen, die uns im Großen und im Kleinen nerven, verzeihen und vergeben, erhalten wir als Geschenk den Frieden in uns. Wenn die Gesamtheit der Weltbevölkerung erst einmal Frieden mit sich selbst geschlossen hat, dann kann Frieden auch im Außen entstehen und die Welt kann zu einem friedvollen Platz werden.

Frage Dich doch bitte in einer stillen Stunde, gegen wen Du kämpfst und mit was Du in Deinem Leben noch nicht im Frieden bist?
Wo wirfst Du Dir selbst noch etwas vor?
Wo klagst Du Dich an?
Wem trägst Du noch etwas nach bzw. wem kannst Du nicht verzeihen?

Alle diese Verurteilungen und Kämpfe schwächen Dich und Dein Energiefeld und verhindern, dass Du in den Frieden kommst.
Es ist Zeit, dass wir lernen, anderen mit Liebe zu begegnen. Dass wir aus unserem Herzen heraus leben. Unsere Herzen sind nichts anderes als Liebe, die sich als Wahrheit ausspricht, sich als Freude anfühlt und als Freiheit lebt. Ein Mensch, der mit sich kämpft, sich selbst verurteilt, sich in sich gefangen fühlt, der Angst hat, kann sich nie frei und friedvoll fühlen.
Der Schlüssel *für* Frieden ist nicht die Politik, sondern wir als Bevölkerung. In dem Moment, in dem

die Herzen einer Gruppe von Menschen im gleichen Rhythmus schwingen, ausgerichtet auf Frieden und das Licht *für* diese Welt, wird das Tor des Friedens und der Freiheit *für* die ganze Menschheit geöffnet. Wir verfügen über einen freien Willen. Wir sind keine armseligen Opfer, wir können frei entscheiden. Es liegt somit an uns, ob wir *für* den Frieden sind und anfangen ihn zu leben oder ob wir noch warten. Wenn wir da*für* sind und anfangen, friedvoll und liebevoll zu handeln, beginnen wir, die Welt zu verändern. Es ist wichtig, dass wir verstehen, dass jede noch so kleine Handlung eine Auswirkung hat. Und es ist wichtig, dass wir verstehen, dass niemals zwei Gefühle zu einer Zeit bestehen können. Entweder leben wir in Angst, dann können wir keine Liebe empfangen, oder wir sind in der Liebe, dann können wir keine Angst empfinden. Wir dürfen uns entscheiden, was wir fühlen wollen.

Wir alle sind über das morphogenetische Feld miteinander verbunden. So möchte ich Dich einladen: Werde zu einem *Für*sprecher des Friedens und sende Deinen Friedensfunken in die Welt. Möge er auf viele andere Herzen treffen und diese ebenso entzünden. Möge der Frieden auf Erden zu unserer aller Herzenswunsch werden und möge die Liebe siegen.

Wir sind nun am Ende des Buches angekommen und ich hoffe, dass ich Dich inspirieren konnte und Du schon ein Gefühl davon bekommen hast, wie es sich anfühlt, fliegen zu können und in sich selbst zu Hause zu sein.

Ich wünsche Dir von Herzen, dass Du Dir und Deinem inneren Wesen ein Stückchen nähergekommen bist, dass Du Dir selbst treu sein kannst und einfach ein bisschen glücklicher und friedvoller durch das Leben gehen kannst.

Mit den sehr weisen Worten von Mahatma Ghandi möchte ich dieses Buch beenden:
Sei du selbst die Veränderung, die du dir wünschst für diese Welt.

Mögest Du ein gesegnetes Leben haben und mögen Dir alle Helfer aus der hiesigen und der Geistigen Welt mit Rat und Tat zur Seite stehen. Ich wünsche Dir, dass Du den Mut hast, Deine Flügel auszubreiten und in dieses Leben in seiner ganzen Schönheit und Wahrhaftigkeit zu gleiten.

Mit tiefer Liebe und Verbundenheit

Deine Silvie

DANKE / ALOHA MAHALO

Mein aufrichtiger und inniger Dank geht an meinen wunderbaren Lebenspartner, Freund und Herzensmann Jörg und an meine Familie. Jörg, ich danke Dir von Herzen für Deine Liebe, Deine Unterstützung und Dein Verständnis für viele Stunden, an denen ich überall meine Bücher und Notizen verstreut hatte und unser Wohnbereich wie im Belagerungszustand aussah. Dein ungebrochener Glaube an mich hat mir Mut, Zuversicht und Kraft gegeben. Du hast das Licht mit mir gefeiert und die dunklen Stunden mit mir geteilt.

Ich danke meinen Freunden, die viele Veränderungen mit mir getragen haben und mich oft ermutigt haben, *endlich* dieses Buch zu schreiben.

Ruth, Dir danke ich für die Stifte, die Du mir geschenkt hast, um endlich anzufangen. Ich danke meinen Freundinnen Gabi und Christa, die mein Manuskript gelesen und mir mit Rat und Tat zur Seite gestanden haben.

Dank auch an meine französische Seelenschwester Lidy, die immer an mich glaubt.

Ein ganz herzliches Dankeschön an Erik Kinting für das Lektorat, den Buchsatz und die Hilfe beim Self-Publishing. Ohne Sie wäre dieses Buch nicht so schnell erschienen.

Ich danke von Herzen meinen wunderbaren Lehrern.

Danke Sai Baba, danke Swami Krishnayandaji, danke Maya Storms, danke Sue und Jeff Allen und danke Serge Kahili King. Danke Rudy Daniel und allen wundervollen JSJ-Lehrern und allen weiteren Lehrern und Autoren, von denen ich so viel lernen durfte.

In tiefer Dankbarkeit verneige ich mich vor allen meinen Klienten und Seminarteilnehmer, denn durch ihre Offenheit und ihr Vertrauen in meine Arbeit durfte ich noch mehr lernen, erkennen und wachsen.

QUELLENVERZEICHNIS:

Lynn Grabhorn	Aufwachen, dein Leben wartet
Hermann Hesse	Stufen
Sathya Sai Baba	Swamis Offenbarungen und Lehren
Sathya Sai Baba	Der Heilige und der Psychotherapeut
Safi Nidiaye	Herz öffnen statt Kopf zerbrechen
Gerald Jampolsky	Lieben heißt, die Angst zu verlieren
USA Foundation for Inner Peace und Margarethe Randow-Tesch	Ein Kurs in Wundern
Jeff und Sue Allen	Wie Beziehungen wirklich gelingen
Jörg Wendang	Weihnachten unter Giraffen

Mahatma Ghandi	Zitat Veränderung
Brené Brown	Verletzlichkeit macht stark
Suzan H. Wiegel	Die Botschaft der Kahnunas
Chuck Spezzano	Wenn es verletzt, ist es keine Liebe
Anna Amaryllis	Die weiße Bruderschaft
Dieter Broers	Das Ego im Dienste des Herzens
Kyriacos C. Markides	Feuer des Herzens
Guiletta Subina	Life Chat

ÜBER DIE AUTORIN

Silvie Hunsinger ist 1965 im Zeichen der Fische geboren und lebt heute mit ihrem Partner im idyllischen Saarland. Sie ist Bewusstseinslehrerin, spirituelle Lebensberaterin, Coach und Jin-Shin-Jyutsu-Praktikerin. Ihre Arbeit ist den Menschen gewidmet, um sie dabei zu unterstützen, sich selbst zu finden und ihre höchsten Potenziale zu entfalten. Die Heilung steht immer im Vordergrund. Ihre Seminare in Deutschland und auf Bali werden seit 2006 von zahlreichen begeisterten Teilnehmern besucht.

Silvie Hunsinger ermutigt die Menschen, ihre innere Wahrheit zu ergründen und dem Ruf Ihres Herzens zu folgen. Alle Erfahrungen werden von ihr gewürdigt und bedingungslos angenommen. Nur so ist Einssein möglich.

Ihre großartige Gabe ist es, die Anwesenden wertschätzend und einfühlsam wahrzunehmen. Sie arbeitet in Merzig, in Trier und auf der Insel Bali.

Weitere Informationen zu Silvie Hunsinger und ihren Workshops, Seminaren und Retreats findest Du unter:

www.kraftquelle-mensch.de